僧肇大師

高僧傳

解空第一

編撰——徐瑾

【編撰者簡介】

徐瑾

湖北大學哲學學院教授，博士生導師，湖北大學高等人文研究院研究員。主要研究領域為漢傳佛教思想，亦對中西方哲學、宗教學有長期研究。

縱觀世界上各種宗教及民間信仰，經深入比較，發現當今世界，漢傳佛教可說是相當具有人文與理性性格的宗教。其修行的主張（依法不依人，依義不依語，依了義不依不了義，依智不依識），持守的佛教戒律，以及漢傳佛教特有的吃素傳統和叢林特色，還有富有中國特色的大乘佛教宗派體系，崇尚慈悲與智慧，對於世界和諧能夠起到非常重要的作用，可以說，讓更多的人接觸佛法、理解佛法，是我輩學人義不容辭的責任。

【「高僧傳」系列編輯序】

令眾生生歡喜者，則令一切如來歡喜

「為佛教，為眾生」六個字，乃是印順法師於臺北市龍江街慧日講堂（後因大門遷移，地址遷至朱崙街）為證嚴法師授予三皈依、並賜法名時的殷殷叮囑：「既然出家了，你要時時刻刻為佛教、為眾生。」

依證嚴法師解釋：「為佛教」是內修清淨行，「為眾生」則要挑起如來家業，走入人群救度眾生。因此法師稟承師訓，一心一志「為佛教還原教義，為眾生點亮心燈」，而開展慈濟眾生的志業。

證嚴法師開創「靜思法脈，慈濟宗門」，並將其與「為佛教，為眾生」合釋：「靜思法脈」乃「為佛教」，是智慧；「慈濟宗門」即「為眾生」，是大愛。

進而言之，「靜思法脈，慈濟宗門」即菩薩道所強調的「悲智雙運」：「靜思法脈」是「智」，「慈濟宗門」是「悲」；傳承法脈、弘揚宗門就要「悲智雙運」，積極在人間發揮慈、悲、喜、捨四無量心。此亦即慈濟人開展四大志業、八大法印時的根本心要。

由其強調「悲智雙運」可知，「靜思法脈，慈濟宗門」並非標新立異，而是傳承佛陀教法以及漢傳佛教歷代高僧的教誨——包括身教與言教，並要求身心皆徹底踐履。為了讓世人明瞭慈濟宗門之初心與悲願，也讓這些歷代高僧的事蹟與精神更廣為人知，大愛電視臺秉持證嚴法師的信念，於二〇〇三年起陸續製作《鑑真大和尚》與《印順導師傳》動畫電影，將佛教史上高僧大德的動人故事，經由動畫電影的形式，傳遞到全世界。

因為電影的成功，大愛電視臺進一步籌畫更詳盡的電視版〈高僧傳〉——採取臺灣民眾雅俗共賞的歌仔戲形式。〈高僧傳〉的每一部劇本都是經過數個月的資料研讀與整理，縝密思考後才下筆，句句考證、字字斟酌。製作團隊感受到每一位大師皆以身作則、行菩薩道的特質，希望將每位高僧的大願與大行傳遍世界。

然而，不論是動畫或戲劇，恐難完整呈現《高僧傳》中所載之生命歷程，以及諸位高僧與祖師之思想以及對後世之貢獻。因此，慈濟人文志業中心便就〈高僧傳〉歌仔戲所演繹過的高僧，以《高僧傳》及《續高僧傳》之原著為基礎，含括了日、韓等國之佛教史上的知名高僧，編撰「高僧傳」系列叢書。我們不採取坊間已有之小說體形式，而是嚴謹地參照人物評傳的現代寫法，參酌相關之史著及評論，對其事蹟有所探討與省思，並將其社會背景、思想及影響皆納入，雜揉編撰，內容包括高僧的生平、傳承及主要思想或重要經典簡介。從中，我們不僅可以讀到歷代高僧的智慧與悲心，亦可一覽相關的佛教史地、典籍與思想。

在編輯過程中，我們可以看到歷代高僧之「為佛教，為眾生」：鳩摩羅什飽受戰亂、顛沛流離，仍戮力譯經，得令後人傳誦不絕，乃是為利益眾生；玄奘歷萬里之險取得梵本佛經、致力翻譯，其苦心孤詣，是為利益眾生；鑑真六次渡海欲至東瀛傳戒，眼盲亦不悔，是為利益眾生；六祖惠能隱居十五載以避害身之禍，只為弘揚如來心法，並言「佛法在世間，不離世間覺；離世求菩提，猶如覓兔角」，亦是為利益眾生……

這些高僧祖師大可獨善其身、如法修行以得解脫，為何要為法忘身、受諸逆境而不退？究其根本，他們不只是為了參究佛法，而是深知弘揚大乘佛法的目的乃在於大慈大悲地度化眾生、讓眾生能得安樂；若不能讓眾生同霑法益，求法何用？如《大智度論．卷二七》所云：

一切諸佛法中，慈悲為大；若無大慈大悲，便早入涅槃。

由此可知，就大乘精神而言，「為佛教」即應「為眾生」，實為一體之兩面。

「大悲」為「諸佛之祖母」

除了歷代高僧之示現，「為眾生」之菩薩道的實踐，於經教中更是多不勝數、歷歷可證。例如，《無量義經．德行品第一》便說明了菩薩作為眾生之大導師、大船師、大醫王之無量大悲：

無量大悲救苦眾生，是諸眾生真善知識，是諸眾生大良福田，是諸眾生不請之師，是諸眾生安隱樂處、救處、護處、大依止處。處處為眾作大導師，能為生盲而作眼目，聾劓啞者作耳鼻舌；諸根毀缺能令具足，顛狂荒亂作大正念。船師、大船師運載群生渡生死河，置涅槃岸；醫王、大醫王，分別病相曉了藥性，隨病授藥令眾樂服；調御、大調御，無諸放逸行，猶如象馬師，能調無不調，師子勇猛，威伏眾獸，難可沮壞。

如來於《法華經．觀世音菩薩普門品》中宣說，觀世音菩薩更以三十三種應化身度化眾生：

佛告無盡意菩薩：善男子，若有國土眾生，應以佛身得度者，觀世音菩薩即現佛身而為說法；應以辟支佛身得度者，即現辟支佛身而為說法；應以聲聞身得度者，即現聲聞身而為說法；應以梵王身得度者，即現梵王身而為說法；應以帝釋身得度者，即現帝釋身而為說法……應以天龍、夜叉、乾闥婆、阿修羅、迦樓羅、緊那羅、摩睺羅伽、人非人等身得度者，即皆現之而為說法；應以執金剛神得度者，即現執金剛神而為說法。無盡意，是觀世音菩薩成就如是功德，以種種形遊諸國土，度脫眾生，是故汝等應當一心供養觀世音菩薩。是觀世音菩薩摩訶薩，於怖畏急難之中能施無畏，是故此娑婆世界皆號之為施無畏者。

為何觀世音菩薩要聞聲救苦？因為菩薩總是「人傷我痛、人苦我悲」，恆以「利他」為念。如《大丈夫論》所云：

菩薩見他苦時，即是菩薩極苦；見他樂時，即是菩薩大樂。以是故，菩薩恆為利他。

正是因為這般順隨眾生、「以種種形」而令其無畏的無量悲心，讓觀世音菩薩受到漢傳佛教乃至於華人民間信仰的共同崇敬。慈濟人之所以超越貧富、超越國界、超越宗教地去關懷與膚慰需要幫助的生命，便是效法觀世音菩薩無量悲心、無量應化的精神。

在《法華經．普賢菩薩勸發品》中發願、將於佛滅後守護及教導受持《法華經》之眾生的普賢菩薩，於《華嚴經．普賢行願品》中則教導善財童子如何供養諸佛，亦揭示了如來、菩薩、眾生的關係：

於諸病苦，為作良醫；於失道者，示其正路；於闇夜中，為作光明；於貧窮者，令得伏藏。菩薩如是平等饒益一切眾生。何以故？菩薩若能隨順眾生，則為隨順供養諸佛；若於眾生，尊重承事，則為尊重承事如來；若令眾生生歡喜者，則令一切如來歡喜。何以故？諸佛如來，以大悲心而為體故。因於眾生，而起大悲；因於大悲，生菩提心；因菩提心，成等正覺。……若諸菩薩，以大悲水饒益眾生，則能成就阿耨多羅三藐三菩提故。是故菩提，屬於眾生；若無眾生，一切菩薩終不能成無上正覺。善男子，汝於此義，應如是解。以於眾生心平等故，則能成就圓滿大悲；以大悲心隨眾生故，則能成就供養如來。

《大智度論．卷二〇》亦云，佛陀強調，大悲心乃是諸佛菩薩之根本，具大悲心方能得般若智慧，亦方能成佛：

大悲，是一切諸佛、菩薩功德之根本，是般若波羅蜜之母，諸佛之祖母。菩薩以大悲心，故得般若波羅蜜；得般若波羅蜜，故得作佛。

「菩薩若能隨順眾生，則為隨順供養諸佛；若於眾生，尊重承事，則為尊重承事如來；若令眾生生歡喜者，則令一切如來歡喜。」閱及此段，不禁令人深深體會證嚴法師之智慧與悲心：慈濟宗門四大、八印之聞聲救苦、無量應化地「為眾生」，也是同時「為佛教」地供養諸佛、令一切如來歡喜啊！

歷代高僧雖未如慈濟宗門般推動慈善、醫療、乃至於環保、國際賑災等志業，乃因其時空因素，欲度化眾生先以弘揚大乘經教與法義為重；現今經教已備，所須的乃是效法菩薩道之力行實踐！慈濟宗門便是上承歷代高僧與經論之教法，推動四大、八印，行菩薩道饒益眾生，以此供養如來。

換言之，歷代高僧之風範、智慧及悲願，為佛教，也為眾生，此即諸佛菩薩之本懷，亦為慈濟宗門之本懷！這便是《高僧傳》系列叢書所欲彰顯者。

遙企歷代高僧儼然身影，我們可以肯定：為眾生，便是為佛教；為佛教，一定要為眾生！

【推薦序】

建立般若慧見，此為佛法之肇！

——釋印宗

庚子新春一場大疫，武漢封城，蓮溪寺至今五月之久未開山門。恰逢其時，湖北大學哲學學院徐瑾教授的新作《僧肇大師——解空第一》即將問世；蒙教授敬託為其新作寫序，印宗慚愧，雖拙而不敏，但心生歡喜。

善知識說：閉門即是深山，心淨則佛土淨。時下借疫情防控令「不搞集體活動」之自修因緣，捧讀新作再三；夜深人靜之時，與遠古肇公作心靈交流，至誠拜禱於足下。

憶及初識肇公，早在上世紀末讀研究生時，華中科技大學哲學院歐陽康老師講授宗教哲學，《肇論》開篇即用哲學語言評論肇公：

他以年輕而不朽的生命，為人類貢獻名垂千古的哲學巨著，居然在三十歲之前完成後就走了。不可思議的才華！不可思議的年輕！但他的哲學思想千百年來越發深邃……

顯然，時為學生，膚淺認知肇公於課堂間，而印象深刻。後讀太虛大師著作評價《肇論》：

理括中印，辭追老莊，研究佛學者不可不讀，亦研究國學者所不可不讀也。

由此注重《肇論》，但因其文深奧，多有探究而未解法義。今深讀徐教授新作《僧肇大師》，忽然心明眼亮，對肇公及其《肇論》稍加理解。

兩漢之際，佛法從印度初傳而來，魏晉時代貝葉真經譯梵成華，般若思想漸融華夏，佛典翻譯尤以鳩摩羅什大師而盛興。究其什公能譯翻佛典而大興於華夏者，上有後主姚興之皇朝鼎力，下有門人聖哲之合力襄助。什公之下四聖十哲中，僧肇大師「學善方等，兼通三藏」，時人仰之為佛教東土「解空第一」者。

肇公之傑作《肇論》彙集大師之〈宗本義〉、〈物不遷論〉、〈不真空論〉、〈般若無知論〉、〈涅槃無名論〉等諸篇論文。首篇概述本無實相等名相義理，餘四篇依次論證法無去來，無動靜；諸法因緣，假而不真；真諦無相，般若無知；涅槃無生無滅，絕言亡相。

肇公以非有非無、即有即無、有無雙遣的般若中道觀，完整闡釋大乘佛教般若性空思想，將魏晉以來般若學的發展推向了新的高峰，讓佛教展現給世人以全新的認知。

晉唐宋明文人高士中，有晉代惠達、唐代元康、宋代遵式、明代憨山德清大師等，崇《肇論》而歎為觀止，顯法義而爭相注疏，各各述其精華，褒其勝義，故古來文人學士推其為哲學巨著——中國思想史上的不朽篇章！教內佛學大師推其為大乘佛法中觀獨有之中道思想。禪宗用之以傳心印，三論依之以顯般若，於相離相遣相，得大自在，無名無相，究竟涅槃。

本師釋迦牟尼佛於《華嚴經》中教言：「若人欲了知，三世一切佛，應觀法界性，一切唯心造。」「心如工畫師，能畫諸世間。」佛陀聖教直示心地法門。昔日六祖惠能大師黃梅得法後南行，至廣州光孝寺，適逢二僧因觀風吹殿前幡動，一說風動，一說幡動，爭執不下，大師即言，「非風動非幡動，仁者心動爾」寥寥數語，飽含唯心要旨。由是而知凡生皆心生，凡動皆心動，心外無生亦無動，是故佛說「心生則種種法生，心滅則種種法滅」。心未動時，洞然寂寂，無天地萬物。

佛說一切唯心造，《肇論》之所謂〈物不遷論〉、〈般若無知論〉、〈不真空論〉、〈涅槃無名論〉，亦即四論一心。此心，一切眾生皆具，一切諸佛皆證——而復為眾生開示此心，直指此心。誠然可見，佛陀出世本懷只在引凡入聖，如實知自心。

肇公在《肇論》中說，聖人之心為「住無所住」，凡夫之心則為「心有所住」；凡聖之別，在於有住與無住。凡夫之心果能如聖人般「住無所住」，即能心無掛礙，無有恐怖，遠離顛倒夢想，究竟涅槃。肇公之論意昭然可見：此之一心，乃佛法之中心樞要，轉凡成聖之大根大本！

世人稱肇公為大師即在於：會佛法般若於毫釐無差，立般若正見於佛法大廈，肇公獨占鰲頭！闡佛法大旨於透徹無謬，越老莊玄學而脫胎換骨，肇公屈指為首！將佛法澄清展現，擦亮時人眼目！無怪乎三論吉藏大師於《百論疏》中說：「若肇公名肇，可謂玄宗之始也！」

然而，僧肇大師之論，別於玄談之處，不僅囿於論文本身之高度，亦在於大師自身之修證；此之修證，源自鳩摩羅什大師的禪修親傳、耳提面命及至於自內所證。假使《肇論》只浮於言象玄談，何有後世之石頭遷祖一聞〈涅槃無名論〉而豁然大悟呢！

淨心捧讀徐教授新作《僧肇大師》，文簡義豐，解說精湛，般若深厚，法味融通！感慨萬千，受益良多！而萬語千言心胸湧出一句：建立般若慧見！此為佛法之肇，亦為佛法之至要。

誠然可信，學修佛法肇於般若慧見，終於菩提涅槃；而證悟菩提涅槃，捨般若慧見則無有是處。

深讀《僧肇大師》略有此感，記之以奉肇公！不敢為序，專伸供養肇公於常寂光中垂慈加護！

願《僧肇大師——解空第一》之問世，開眾生眼，樹般若幢！願佛法光大於人類，眾生趨向智慧解脫！

武昌佛學院尼眾部、武昌蓮溪禪寺　釋印宗

【推薦者簡介】印宗法師

湖北省佛教協會副會長、武昌佛學院副院長、武昌蓮溪禪寺方丈。（蓮溪禪寺為武漢四大叢林之一）

【編撰者序】

志於佛學者未讀《肇論》，實有憾焉！

被尊稱為「宗教學之父」的馬克斯·穆勒（Friedrich Max Müller，西元一八二三至一九〇〇年）曾說，佛陀是他所宣導的一切美德的化身。在他那成就非凡、經歷豐富的四十五年的佈道生涯裡，他以行動詮釋了自己的言教。在他身上找不到一點人性的弱點和低劣的東西。佛的道德準則是世界上迄今所知最完美無上的。

佛教之所以具有如此巨大的影響力，尤其是在高級知識分子中有著無與倫比的影響力，是因為佛教從本質上來說是（或許是世界上唯一的）理性的宗教。

佛教所強調的，是以智慧求解脫；換言之，佛教是通過顯明眾生自身的佛性，通過修行體證，開顯般若智慧的方式，來獲得自身的解脫。雖然佛教也強調信仰的重要性，但是佛教的這種信仰與迷信完全不同，而是理性的信仰。

所謂迷信，簡而言之，就是缺失理性後的信仰。迷信的一個非常簡單之判斷標準，就是迷信不允許懷疑；即使看起來再荒謬的事情，甚至違反人性、違反道德的事情，也不允許懷疑。當一個信徒對違反人性、違反道德的事情（如以崇拜對象之名，屠殺手無寸鐵的婦女兒童時）都失去懷疑能力的時候，這個人毫無疑問就徹底陷入了迷信和狂熱之中。

理性的信仰恰恰相反，鼓勵懷疑，因為只有懷疑才有反思，只有反思才有進步。例如，鳩摩羅什及其弟子僧肇等翻譯的般若類經典就是這樣，引導人們通過聞思修，以獲得洞悟宇宙人生真相的大智慧。漢傳佛教諸大宗派皆是如此，禪宗甚至要破除一切執著，包括對經像的執著，以達到明心見性的目的。

正是這種強調基於理性的懷疑、反思的特色，使得佛教贏得了世界上諸多大科學家、大知識分子的讚賞或信仰。甚至信奉無神論的弗里德里希·恩格斯（Friedrich Engels，西元一八二〇至一八九五年）也這樣說：佛教徒處在理性思維的高級階段。人類到釋迦牟尼佛時代，辯證思維才成熟，辯證法最初來源於佛教。

恩格斯是主張無神論、唯物論的，對一切宗教信仰都持有批判精神，甚至對十九世紀歐洲的宗教信仰進行過猛烈抨擊；但是，他卻對佛教頗為讚賞，甚至認為佛教徒處在「理性思維的高級階段」，甚至認為辯證法最初來源於佛教，這真是很難得。

甚至在近代中國，以批判傳統文化著稱的魯迅（西元一八八一至一九三六年）也這樣說：「釋迦牟尼真是大哲，我平常對人生有許多難以解答的問題，他居然早已明白地啟示了。」魯迅是何許人？魯迅對於一九一九年「五四運動」

以後的中國社會之思想文化發展具有重大影響，蜚聲世界文壇，尤其在韓國、日本文化界有極其重要的影響，被譽為「二十世紀東亞文化地圖上占最大領土的作家」。魯迅對於傳統儒釋道文化進行過辛辣批判，揭露了傳統社會中國人的愚昧無知。就是這樣一個批判傳統文化的著名文人，竟然對佛教有如此高的評價，這也是很罕見的。

被譽為二十世紀最偉大科學家的愛因斯坦（Albert Einstein，西元一八七九至一九五五年）曾說：「如果有一個能夠應付現代科學需求，又能與科學相依共存的宗教，那必定是佛教。」作為一位無可爭議的偉大科學家，愛因斯坦是極為強調理性的，因為科學思維的本質就是通過理性去探索客觀宇宙的規律。愛因斯坦還這樣說：「如果世界上有一個宗教不但不與科學相違，而且每一次的科學新發現都能夠驗證她的觀點，這就是佛教。」

愛因斯坦曾經說過一句非常出名的話：「空間、時間和物質，是人類認識的錯覺。」佛教教義對時空、物質的認識也是這樣，中國姚秦三藏法師鳩摩羅什以及弟子僧肇也是如此認為。一切有為法，處在時間、空間中的任何物質，都是沒有存在的永恆性的，與時間長河相比，都不過是如露亦如電而已；只有超越時間、空間的（眾生皆有的）真如佛性才是本質。

對於佛教所說的般若空性，僧肇在《維摩經注・弟子品三》中這樣說：

小乘觀法緣起，內無真主，為空義；雖能觀空，而於空未能都泯，故不究竟。大乘在有不有，在空不空，理無不極，所以究竟空義也。

愛因斯坦所說的「空間、時間、物質都是人類認識的錯覺」可以體現在小乘佛法教理之中；小乘佛法主張四大皆空，時間、空間、物質都是空的。但是，小乘佛法沒有說明這個「空」究竟是什麼？或者說，對「空」本身沒有達到辯證認識，而這正是大乘佛法所說的。

「空」並非什麼都沒有的斷滅空、虛無空，而是作為本體的佛性的特徵之所在；因為言語道斷，要斷除一切執著，所以將這種特徵勉強命名為「空」。只有直覺式的般若智慧，才能達到對這種空性的認識。這也類似愛因斯坦所說的那樣：「佛學這種直覺的智慧，是一切真正科學的動力。世界上如果有什麼真正的宗教的話，那就是佛教。」

既然佛教是這樣一種得到諸多大科學家、大知識分子讚賞或信仰的理性的宗教，對於佛教教理的學習理解乃至信受奉持，就是理所當然的事情了。

在佛教教理之中，有一個非常重要的概念，就是「般若」。般若是梵語 prajñā 的音譯，又譯為「波若」、「鉢若」、「鉢羅若」、「班若」、「般羅若」、「般賴若」等，意為「終極智慧」、「辨識智慧」，即如實認知一切事物和萬物本源的智慧。具體來說，就是通過直覺的洞察所獲得的先驗的或最高的知識。這種直覺的洞察，是一種理性的直覺。所謂先驗的知識，指的是「先於經驗」的知識，經驗知識則是佛法所說的在時間、空間之內的知識。先於經驗，就需要通過理性的直覺，從處於時空之中的經驗表象世界中，觀照到背後的本體世界。

那麼，般若智慧的特性是什麼呢？是「空」。如果把般若智慧比喻為一面大圓寶鏡，可以照徹天地，這種照天照地的功能的特性就是「空」。正是因為空，所以才能不滯於（執著）經驗世界中的一切事物（包括妄想雜念），才能照見一切。

如何理解這一「空性」對於佛教學習至關重要。因此，被譽為鳩摩羅什門下「解空第一」的僧肇大師之學說，就是值得我們認真學習的。

僧肇（西元三八四至四一四年）雖然生涯短暫，其所著《肇論》卻是千古經典。《肇論》主要由四篇論文組成：〈物不遷論〉主張萬物動靜一如，引導人們如何正確地看待經驗世界；〈不真空論〉是對空性的深入詮釋，並以此糾正其他理論之偏頗；〈般若無知論〉認為般若「無知」但無所不知，如果執著於名相（如魏晉玄學那樣）則不可能正確認知般若；〈涅槃無名論〉是對涅槃不可思議、不可言說之境界的精妙分析。僧肇其他著述，如《注維摩詰經》，也極為精妙。

僧肇不僅精通佛理，而且對儒道經典也極為熟悉，因此他所作論著在當時影響極大。當然，僧肇也採用或比擬了諸多儒道名相，尤其是玄學名詞，以使佛教教義能夠為更多儒道人士所接受。

僧肇學說對後世影響極大，明末高僧蕅益智旭曾說：

此土述作，唯肇公及南嶽、天台二師，醇乎其醇，真不愧馬鳴、龍樹、無著、天親，故特入大乘宗論。其餘諸師或未免大醇小疵，僅入雜藏中。

蕅益大師將僧肇與天台慧思、智顗二大師並列，視他們的著作為中土撰述中最為精醇者，可媲美印度祖師馬鳴、龍樹、無著和天（世）親，因此特別將之列入「大乘宗論」裡，可謂推崇至極。

時至如今，有志於佛學者如未讀《肇論》，實為甚深遺憾。

本書對僧肇的生平及著述作了較為全面的研究。願在此做拋磚引玉之舉，只希望讀者能夠從拙著中有所裨益。如果能夠通過此書的閱讀，可以引導讀者親近僧肇大師，進而信奉（漢傳）佛教，編撰此書便尚有些許貢獻，聊以自慰了。

願以此功德，普及於一切，我等與眾生，皆共成佛道。

願正法久駐，世界和平，風調雨順，國泰民安！

目錄

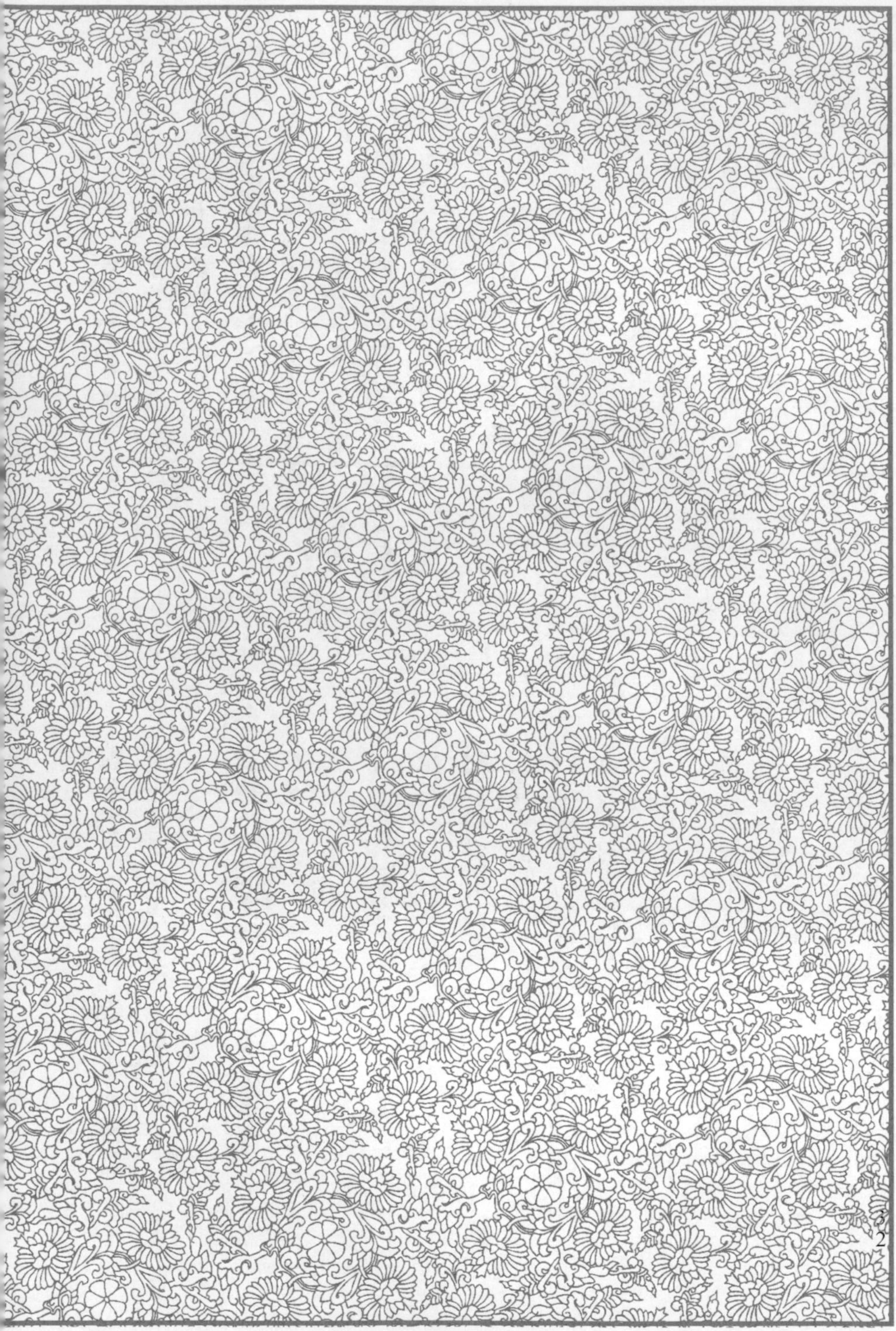

示現

緣起　東晉時代的佛教發展

能拯溺俗於沉流，拔幽根於重劫；遠通三乘之津，廣開人天之路。是故內乖天屬之重而不違其孝，外闕奉主之恭而不失其敬。

僧肇（西元三八四至四一四年）生活的時代是東晉，是「佛教中國化」發展非常迅速的時期。

所謂佛教中國化，指的是古印度釋迦牟尼佛創立的佛教傳入中國後，與中國本土文化相互融合，在中國本土高僧大德的推動下不斷發展，最終形成具有中土特色之漢傳佛教的過程。

東晉佛教發展概況

東晉佛教，意指從晉元帝建武元年（西元三一七年）到恭帝元熙二年（西元四二〇年）共一百零四年間的佛教。

佛教在東晉時代形成南北區域。北方有匈奴、羯、鮮卑、氐、羌等民族所建立的二趙、三秦、四燕、五涼及夏、成（成漢）等十六國（五胡十六國）。這些地區的統治者多數利用佛教以鞏固其統治；其中，佛教在後趙、前後秦、北涼均十分流行。特別是二秦的佛教，在中國佛教史上占有極重要的地位，其代表人物為道安（西元三一二至三八五年）和鳩摩羅什（Kumārajīva，西元三四四至四一三年），鳩摩羅什即僧肇之師。

南方為東晉王朝所保有，其文化是西晉文化的延續。一向清談玄理文流的佛教也隨著當時名僧的不斷南移，形成了廬山和建康兩地的佛教盛況，其代表人物則為慧遠（西元三三四至四一六年）和佛陀跋陀羅（Buddhabhadra，西元三五九至四二九年）。

北方各民族區域的佛教，發軔於西域沙門佛圖澄（西元二三二至三四八年）在後趙的弘傳。佛圖澄於西晉永嘉四年（西元三一〇年）來到洛陽。其時，後趙石勒屯軍在葛陂（今河南新蔡縣北），以殺戮來壯大聲威；佛圖澄透過大將軍郭黑略的安排與他見面，用道術感攝了他，進而阻止其多造殺業。從此，中州（今河南地區）各族人民逐漸奉佛。後來其子石虎即位，遷都到鄴城（今河北臨彰縣西南），也很尊崇佛圖澄，一時人民多營寺廟，爭先出家。

佛圖澄本人嚴守戒律，深解佛典，且通曉世論，在講法時只標明大旨便令首尾了然。佛圖澄的著名弟子有法首、法祚、法常、法佐、僧慧、道進、道安、僧朗、竺法汰、竺法和、竺法雅、比丘尼安令首等。佛圖澄在亂世之中，以神通力吸引統治階級的崇信，再利用宗教力量來安定人民，推展佛教，是漢傳佛教早期極為重要的弘法高僧。

和佛圖澄同時在後趙的，還有敦煌人單道開，襄陽羊叔子寺竺法慧和中山帛法橋等。

繼後趙之後，北地佛教最盛的區域是前秦。前秦建都長安，其地處於與西域往返的要衝。前秦統治者苻堅（西元三三八至三八五年）篤好佛教，所以當他在位時佛教稱盛，道安為其中心人物。道安原來在鄴師事佛圖澄，後受請到武邑（今河北武邑縣）開講，弟子極多。

東晉興寧三年（西元三六五年），為了避免兵亂，他和弟子慧遠等五百餘人到襄陽，住在樊沔（今湖北襄樊市）十五年，以每年講《放光般若》二次為常。

太元四年（西元三七九年），苻丕攻下襄陽，就送道安和習鑿齒（著名文史學家）往關中。道安住在長安城內五重寺，領眾數千人宣講佛法，並組織佛典的傳譯。

當時，譯人僧伽提婆（Sangha-deva）等翻譯經論時，道安常與法和詮定音字，詳核文旨。此外，他還決定了沙門以「釋」為姓，並制定僧尼赴請、禮懺等行儀軌範。又創編經錄，疏注眾經，提出了關於翻譯的理論。

其高足弟子有慧遠、慧永、慧持、法遇、曇翼、道立、曇戒、道願、僧富等，其中慧遠尤為著名。

和道安同時的名僧，有他的同門京兆竺僧朗。僧朗生卒年不詳，佛圖澄弟子，初在關中專事講說，後移泰山西北的昆侖山中，學徒百餘，講習不倦；苻堅累次遣使徵請，均辭不赴。後來苻秦沙汰眾僧，也特別把昆侖除外。

「釋」是出家僧人法名用的姓，源自佛教教主釋迦牟尼佛的第一個字。中國僧人姓釋，始於東晉道安法師。道安法師宣導：「佛以釋迦為氏，今為佛子者，宜從佛之氏，即姓釋。」佛在《增一阿含經》中也告訴門下弟子：

剎利、婆羅門、長者、居士種，於如來所剃除鬚髮，著三法衣，出家學道，無復本姓，但言沙門釋迦子。

在此之前，僧人的姓各有不同。例如，若此僧人的老師來自天竺，就改姓「竺」；若來自安息國，則姓「安」。還有人以「佛、法、僧」三個字作為姓氏。道安認為，出家人姓氏混亂，不利於佛教傳承的一致性，於是提出以「釋」為姓。

佛教在後秦比前秦尤盛。後秦統治者姚興（西元三六六至四一六年）也篤好佛教，又因迎請鳩摩羅什至長安，譯經講習都超越前代。

鳩摩羅什系出天竺而生於龜茲（位於今新疆省庫車、沙雅二縣之間），廣究大乘，尤精於般若性空之義理。苻秦建元中（西元三六五至三八四年），苻堅遣將軍呂光等攻龜茲、迎羅什（「鳩摩羅」為其姓，「什」乃其名；後世一般習以「羅什」稱之）；不過，迎至涼州時，苻秦已滅亡。到後秦弘始三年（西元四〇一年），姚興出兵涼州，羅什才被請到長安，入西明閣和逍遙園從事翻譯。

其時，四方的義學沙門群集長安，次第增加到三千人，其中包括僧肇、道生、道融、僧叡、道恒、僧影、慧觀、慧嚴、曇影、道標、僧導、僧因均頗著名。弟子中最擅長羅什之中觀性空緣起思想者，則為京兆僧肇。

僧肇在羅什門下十餘年，有〈物不遷論〉、〈不真空論〉、〈般若無知論〉、〈涅槃無名論〉等論著，後世合編為《肇論》流行，在當時影響甚大。

當時，先後來到長安從事譯經的，還有弗若多羅（Puṇyatāra）、佛陀耶舍（Buddhayaśas）、曇摩耶舍（Dharma-yaśas）等，都是罽賓國（西域古國，位於今之喀什米爾）人。當姚秦佛教鼎盛時，長安僧尼數以萬計。弘始七年（西元四〇五年），姚興以羅什的弟子僧䂮為「僧正」，僧遷為「悅眾」，法欽、慧斌為「僧錄」，以管理僧尼事務。

南方東晉地區的佛教，以廬山的東林寺為中心，主持者慧遠。慧遠早年於儒道學說都有根柢，後從道安出家，對般若性空深造有得。道安入關，分散徒眾，慧遠在廬山東林寺率眾行道，並倡導往生西方阿彌陀佛淨土的念佛法門。

他以江東禪法無聞，律藏殘缺，便令弟子法淨、法領等到天竺尋訪。後聽聞鳩摩羅什來到長安，便致書通好，並就大乘要義往復問答（後人集為《大乘大義章》），又節錄羅什所譯《大智度論》為《大智論抄》。他還請佛陀跋陀羅、僧伽提婆等從事經論的傳譯，對佛教各方面均發生頗大影響。

其弟子有慧寶、法淨、法領、僧濟、法安、曇邕、僧徹、道汪、道祖、慧要、曇順、曇銑、法幽、道恒、道授等。

東晉時代南方佛教的中心，還有建康（今南京）道場寺。建康是東晉王朝的首都，佛教又為當地一般士大夫所崇尚，所以當地佛教非常隆盛。如佛陀跋陀羅、法顯、慧觀、慧嚴等都以道場寺作根據地，宣揚佛教。

佛陀跋陀羅，迦維羅衛（今尼泊爾）人，於禪法、律藏都有心得。先到達長安，住在宮寺教授禪法，門徒數百人，名僧智嚴、寶雲、慧睿、慧觀都從他修業。他常和鳩摩羅什共究法相，洛決疑義。後與弟子慧觀等四十餘人南下到廬山，隨即應慧遠之請，譯出《達摩多羅禪經》。

他在廬山一年多後轉到建康，住在道場寺。義熙十四年（西元四一八年），和慧義、慧嚴等百餘人，傳譯法領在于田（于闐）獲得的《華嚴經》梵本，經過兩年，譯成五十卷（後世作六十卷）。又和法顯譯出《摩訶僧祇律》等。

弟子慧觀（？至西元四五三年）先曾師事慧遠，後從羅什。羅什去世後，隨佛陀跋陀羅南下，曾參與慧嚴、謝靈運等對曇無讖所譯大本《涅槃經》的修訂，所著有《辯宗論》、《論頓悟漸悟義》等。他又立「二教五時」，為中國判教之始。至於慧嚴（？至西元四四三年）則於三十歲時到長安從羅什受學，著有《無生滅論》和《老子略注》等。

此時，佛教徒中還有一個西行求法的運動興起，其中以法顯的成就最大。

法顯常慨嘆律藏的殘缺，便於東晉隆安三年（西元三九九年）和慧景等四人從長安出發，往天竺尋求戒律。歷時十一年，經過三十餘國，在中天竺巴連佛邑獲得《摩訶僧祇律》《方等般泥洹經》等梵本，又泛海到獅子國（今斯里蘭卡），停留了兩年，獲得《彌沙塞律》、《長阿含》、《雜阿含》和《雜藏》的梵本。然後，經南海回到青州長廣郡界，又南來建康，遇佛陀跋陀羅於道場寺，共同譯出《大般泥洹經》六卷等，又自撰《佛遊天竺記》一卷。

和法顯同時求法天竺的有智嚴、寶雲。智嚴（西元三五八至四三七年）到西域古國罽賓，從佛大先（Buddhasena，又作佛馱先，乃說一切有部之師，後傳持禪法）咨受禪法，後請佛陀跋陀羅一同東歸，晚年又泛海到天竺，歸途在罽賓逝世。寶雲（西元三七六至四四九年）歷游西域諸國，廣學梵書，博通音訓。

此外，在法顯西行四年後入竺的，有智猛（？至西元四五三年）於姚秦弘始六年（西元四〇四年）和曇纂等十五人，從長安出發，行經罽賓、迦維羅衛，到阿育王舊都華氏城（即巴連弗邑），和法顯一同在婆羅門羅閱宗家中獲得《大般泥洹經》梵本。以上諸人回國後都曾翻譯一些經典，留下著述，對佛教的傳播作出了傑出貢獻。

佛經翻譯和佛理傳承

東晉時代南北兩地的佛經翻譯，進入中土佛經翻譯事業的一個高峰期，取得了很多超越前代的成績。

其一，《阿含》、《阿毗曇》的創譯。

苻秦通西域後，先後來了西域曇摩持（意為「法慧」）、鳩摩羅佛提（Kumāra-buddhi），天竺曇摩蜱（Dharma-priya），罽賓僧伽跋澄（Saṁghabhūti）、曇摩難提（Dharma-nandi）等人。

僧伽跋澄於建元十七年（西元三八一年）到長安後，先後譯出《鞞婆沙論》、《尊婆須蜜菩薩所集論》、《僧伽羅所集經》等，為《毗曇》的創譯作出了貢獻。

其中，《鞞婆沙》的翻譯由道安主持、對校，還為之作序。

曇摩難提於建元年中（西元三六四至三八九年）譯出《中阿含經》、《增一阿含經》等，是為大部阿含的創譯，也由道安與法和加以考證，道安並作了《增一阿含經序》。同時，僧伽提婆和竺佛念一同譯出《阿毗曇八犍度論》，道安也參與校定並作序。

後慧遠請提婆南渡到廬山，於東晉太元十六年（西元三九一年）譯出《阿毗曇心》和《三法度》兩論。隆安元年（西元三九七年），又到建康，講述《毗曇》。冬天，又和罽賓沙門僧伽羅叉（Samgharaksa）重譯《中阿含》、校改《增一阿含》等，亦即現存之本。

另外，道安曾在苻秦建元十八年（西元三八二年），請鳩摩羅佛提口誦《四阿含暮抄》梵本，竺佛念、佛護替他翻傳。後來，佛念又於姚秦弘始十四年（西元四一二年）為佛陀耶舍傳譯《長阿含經》。佛念世居西河，精通梵語，傳譯了不少經籍，世稱他為苻、姚兩代譯人之宗。

其二，大乘重要經論的譯出。

這主要是當時譯家鳩摩羅什及其弟子的成就。羅什從弘始三年到十五年共十二年間譯出經籍有七十四部（現存五十三部），其中的重要大乘經論包括《大品般若經》、《小品般若經》、《法華經》、《金剛經》、《維摩詰經》、《阿彌陀經》、《彌勒下生經》、《首楞嚴三昧經》、《大智度論》、《十住毗婆沙論》、《中論》、《百論》、《十二門論》、《大莊嚴經論》、《成實論》、《坐禪三昧經》等，對佛教發展做出了巨大貢獻，奠定了各種學系與宗派（如成實師、三論宗、天台宗等）的發展基礎。另外，佛陀跋陀羅所譯的《六十華嚴》，也成為後來漢傳佛教各宗派的重要經典。

其三，密教經典的譯出。

西域帛屍梨蜜多羅（Po-Śrīmitra），於西晉懷帝時（西元三〇七至三一二年在位）東來，值逢永嘉之亂，於是渡江，住在建康建初寺，於東晉元帝時（西元三一七至三二二年在位）譯出《大孔雀王神咒經》、《孔雀王雜神咒經》、《大灌頂經》等。

其四，律典的譯出。

在印度流傳的五部廣律，此時先後譯出《十誦》、《四分》、《僧祇》三部。初譯《十誦》的，是罽賓沙門弗若多羅。他於弘始六年（西元四〇四年）誦出《十誦》梵本，羅什譯作華言，譯到一半時多羅圓寂。次年（西元四〇五年），西域沙門曇摩流支（Dharma-ruci）來長安，誦出其餘部分，羅什又為翻譯，兩部分共五十八卷，《十誦》一部於是具足。又其後一年（西元四〇六年），罽賓沙門卑摩羅叉來到長安；他在羅什圓寂後，重校《十誦》譯本，把最後一誦改作《毗尼誦》，並譯出《十誦律毗尼序》放在最末，合成六十一卷，就是現行的《十誦律》。

另外，罽賓沙門佛陀耶舍，於弘始十二年（西元四一〇年）誦出《四分律》，竺佛念翻譯，到弘始十五年（西元四一三年）譯成六十卷。之後，佛陀跋陀羅於東晉義熙十二年（西元四一六年），在建康和法顯一同譯出《摩訶僧祇律》四十卷。這些譯本，即為後來研習律學者的根本典據。

從佛教理論傳承來說，東晉時代的佛教上承西晉，以般若性空之學為其核心。在鳩摩羅什以前，從事般若學研究的不下五十餘人，或讀誦、講說，或注解經文，或往復辯論，或刪繁取精而為經鈔，或提要鉤玄而作旨歸，或對比《大品（般若）》、《小品》，或合《放光》、《光贊》。

對於般若性空的解釋，當時有種種不同的說法，合計「六家七宗」。「六家」為：

（一）本無義：道安主張「無」在萬化之前，「空」為眾形之始；法汰、竺法深則倡說，從無生有，萬物出於無。

（二）即色義：關內的即色義——色法依因緣和合而生，沒有自性，即色是空，和支道林的即色游玄義——即色是本性空。

（三）識含義：于法開主張，三界萬有都是倒惑的心識所變現。

（四）幻化義：釋道壹主張世間諸法都如幻化。

（五）心無義：竺法蘊、支湣度、道恒等人主張，對外物不起計執之心，說它空、無。

（六）緣會義：于道邃主張，諸法由因緣會合而有，都無實體。

六家中，本無家有兩說，所以合稱「七宗」。

由於此時《中論》、《百論》還沒有翻譯，而且《道行》、《放光》、《光讚》諸經中關於般若的文義又不暢達，所以各家對於性空的解釋不免各有所偏；只有道安的學說還符合經義，但也不完美。

般若性空的正義，直到鳩摩羅什才闡發無遺。羅什綜合《般若》經論而建立畢竟空義，其說散見於《大乘大義章》和《注維摩經》中。後來，僧肇繼承他的學說，更建立「不真空義」，從而將般若妙旨彰顯出來。

由於魏晉玄學的興盛，自道安時代以來，還有用「格義」的方法來講述佛教，主要涉及道安同門的竺法雅及康法朗、毗浮、曇相等。

法雅少善外學，長通佛義，當時依附他的門徒多半於儒道經典有相當造詣，對佛教教理卻還沒有入門；法雅於是和康法朗等把佛經典故和世間典籍比配講說，以讓門徒瞭解，這就叫作「格義」。

後來，格義佛學為道安、法汰所駁斥，並隨著羅什、僧肇翻譯佛經日益完備，而逐漸廢棄。

淨土學說在此時出現，一為求生彌勒淨土，一為求生彌陀淨土（後世淨土宗開端）。在佛教徒的信仰和行持方面，首先出現了期求往生彌勒淨土（即兜率天）的思想，其創始者是道安。

在道安以前，關於彌勒的經典已經譯出了《彌勒下生經》、《彌勒菩薩所問本願經》等數種。道安與弟子法遇、曇戒等八人，依據經說，同在彌勒像前立誓，發願上生兜率。

稍後，又出現了一種期求往生彌陀淨土（西方極樂淨土）的思想，其首倡者是竺法曠（西元三二七至四〇二年）。關於彌陀的經典，遠在早期就已有《無量壽經》、《無量清淨平等覺經》等譯出。法曠「每以《法華》為會三之旨，《無量壽》為淨土之因，常吟詠二部，有眾則講，獨處則誦」，又依支遁所作《阿彌陀佛像贊》文。可知晉時已經有諷誦《阿彌陀經》而願往生的證驗。

不過，大弘彌陀淨土法門的是慧遠。慧遠於元興元年（西元四〇二年）與彭城劉遺民、雁門周續之、新蔡畢穎之、南陽宗炳等一百二十三人，在廬山般若台精舍阿彌陀佛像前，建齋立誓，共以往生西方淨土為期，故後世淨土宗人推尊為初祖。此外願生彌陀淨土的，還有慧虔、曇鑒、僧顯、慧崇等。

此外，觀音信仰在這時期亦已流行；據說，祈願觀音而得到感應的，有法顯、慧虔、法純、帛法橋及邵信等。另有以修習禪法（非禪宗）為主的僧人，包括竺僧顯、帛僧光、竺曇猷、慧嵬、支曇蘭、法緒等。

佛教在社會上的影響

關於儒佛之爭的典型，東晉時期乃有「沙門不敬王者論」之說。其背景為東晉佛法興盛，朝廷奉佛甚多，佛教的過快發展引起了與儒家學說及傳統禮儀的衝突。

晉元帝（西元三一七至三二二年在位）、明帝（西元三二三至三二五年在位）都非常尊重沙門（出家僧人），元帝「造瓦官、龍宮二寺，度丹陽、建業千僧」，明帝「造皇興、道場二寺，集義學、名稱百僧」。習鑿齒〈與釋道安書〉中說，明帝「手畫如來之容，口味三昧之旨」；由此可見，從皇帝到平民，當時信奉佛教的人很多，社會上對佛教僧人也非常尊重。

晉成帝咸康五年（西元三三九年），庾冰輔政。庾冰極力排斥佛教，尊崇儒學，試圖恢復儒學獨尊的局面，並代成帝詔令「沙門應盡敬王者」。佛門弟子見君王而不行跪拜之禮，庾冰認為這違背名教，有礙朝廷典章制度；於是，代成帝發布詔書，聲稱禮敬體制為治國之綱，為維護名教與朝廷典制，僧侶必須跪拜君王。

大臣何充極力反對庾冰頒布的詔令，上書進言，認為佛法的弘傳有利於教化百姓、鞏固王權；雖然佛教的禮儀與儒家的禮教不同，但佛門弟子敬重君王、尊重君權。朝中大多數人也認為，佛教與儒家名教在禮俗上雖存在著差異，但二者都能教化萬民、維護皇權。

晉成帝最終採納了何充的諫言，允許沙門弟子面君時免行跪拜禮。儘管庾冰詔令未獲通過，卻為後世繼續爭論「沙門是否應拜王者」埋下了伏筆。

後晉安帝隆安中（西元三九七至四〇一年），太尉桓玄又重申庾冰之議。當時，桓玄總攬朝政，他認為君權至高無上，沙門弟子對君王免行跪拜禮，這對君王極不敬重。桓玄重提庾冰所起草的詔令，於元興二年（西元四〇三年）頒布政令，強制沙門弟子跪拜君主。

針對桓玄所頒布的政令，佛門高僧慧遠作〈答桓太尉書〉、《沙門不敬王者論》。慧遠認為，佛法教義中體現了忠孝思想，「奉上之禮、尊親之敬、忠孝之義表於經文」。慧遠在《沙門不敬王者論》中提出，佛門修行之人的禮節與世俗之人不同：

> 隱居以求其志，變俗以求其道。變俗服章不得與世典同禮，隱居則宜高尚其跡。夫然故能拯溺俗於沉流，拔幽根於重劫，遠通三乘之津，廣開人天之路。是故內乖天屬之重而不違其孝，外闕奉主之恭而不失其敬。

在慧遠看來，沙門弟子雖遁入空門，但「一夫全德，則道洽六親，澤流天下。雖不處王侯之位，固已協契皇極，大庇生民矣。」也就是說，佛門弟子雖然出家，不拜王者，但實際上對於穩定社會、鞏固王權已產生非常重要的作用，做到了對家庭盡孝、對朝廷盡忠的義務。

慧遠認為，在家信奉佛法的佛教徒應遵循禮法名教，敬君奉親，服從教化；出家修行的沙門則有所不同，應高尚其事，不以世法為準則，不敬王侯，以破除世俗的愚暗、超脫貪著的妄惑，從而化導世俗。

慧遠為了維護佛教的發展，在一定程度上也對儒學進行了妥協，從安邦治國的高度闡述了佛教的重要作用。

桓玄最終聽從了慧遠的勸說，收回了政令。建康佛教，遂盛極一時。

「沙門不敬王者」之爭，說明了佛教在與中國傳統儒學的衝突中，不斷融合、貫通和適應，這既促進了中國文化的多元化發展，又為後來的「三教合流」

奠定了基礎。

又，東晉初期，名流相繼避世江東，玄風也跟著南渡，從而長於清談的義學名僧竺潛、支遁都為時人看重。

竺潛（又作竺道潛，西元二八六至三七四年），對《法華》、《大品》有深入瞭解，永嘉初（西元三〇七年）渡江，為元、明二帝及丞相王導、太尉庾亮所器重；後來隱居剡山三十餘年，宣講方等及老莊。哀帝時應召重回建康，於宮內講《般若》。他的學說世稱為「本無」義。

支遁（西元三一四至三六六年）研鑽《道行（般若）》、《慧印》（佛說慧印三昧經）等經，出家後在吳（今江蘇吳縣）立支山寺，後又入剡，住在印山，晚年又到石城山（今浙江紹興縣東北）立棲光寺，游心禪苑。撰有《莊子內篇注》、《即色游玄論》等。哀帝時也召他到建康東安寺講《道行般若》。他的學說世稱為「即色」義。當時的名流郤超、孫綽、王羲之等人都和他交遊。支遁晚年在山陰講《維摩經》時，許詢為「都講」（主持學舍之人）。當時名流的撰述，現存的有孫綽的〈喻道論〉、郤超的〈奉法要〉等。

東晉時期的佛教文學經過歷代譯人的努力，創造了一種融洽華梵的新體裁，即是翻譯文學，至鳩摩羅什而成熟。

羅什所譯出的經論，多富有文學價值，特別是《金剛經》及《維摩詰經》等，文筆空靈，辭藻美妙，在中國文學史上開闢了新天地。佛陀跋陀羅的譯籍《六十華嚴》，以壯闊的文瀾開演微妙的教理，弘偉瑰奇，也是中國文學史上的稀有巨制。

同時，佛教也漸次滲入一般文學的領域，以佛典的理趣、風格、詞句及典故入詩文。詩有羅什的〈贈沙門法和〉十偈和〈贈慧遠偈〉，支遁的〈四月八日讚佛詩〉、〈釋迦文佛像讚〉等，慧遠的〈廬山東林雜詩〉、〈報羅什法師偈〉、〈萬佛影銘〉等，與王齊之的〈念佛三昧詩〉。

文章方面包括：僧肇的〈物不遷論〉、〈不真空論〉、〈般若無知論〉等論，僧叡所作諸經論序，慧遠的《沙門不敬王者論》、〈沙門袒服論〉等論及諸經論序，劉遺民的〈建齋立誓共期西方文〉等，乃至當時一般佛教學者的書簡，大都是文意美懋的作品。

這一時期，在結合音樂和文學的梵唄方面，道安倡始在上經、上講、布薩等法事中都唱梵唄，並弘傳帛屍梨蜜多羅所授的高聲梵唄。帛法橋作三契經（調子分三段而諷詠），支曇籥裁制新聲，造六言梵唄，這些在當時都非常著名。

在東晉時期，佛教造像藝術也較為興盛。著名的作品，有道安在襄陽檀溪寺鑄造的丈六釋迦金像，竺道鄰在山陰昌原寺鑄造的無量壽（阿彌陀佛）像，竺道壹在山陰嘉祥寺鑄造的金牒千像，支慧護在吳郡紹靈寺鑄造的丈六釋迦金像，處士戴逵和他的次子戴顒在山陰靈寶寺製作的阿彌陀佛及脅侍二菩薩木像、在招隱寺製作的五夾紵像和在瓦官寺製作的夾紵行像等。

這時，並有從外國輸入的造像；例如，苻堅致送道安的佛像中，便有高七尺的外國金箔倚像。道安每次舉行講經法會都羅列尊像。道安的弟子曇翼於江陵城北得一像，上有梵文，據說是阿育王所造。又，獅子國於義熙二年（西元四〇六年）遣使獻高四尺二寸的玉佛像，玉色潔潤，形制殊特。法顯於義熙九年（西元四一三年）回國，也攜帶有佛像。

其中，獅子國所獻玉像，後來和戴逵所制佛像五尊、顧愷之所作維摩壁畫，同列瓦官寺中，世稱三絕。

東晉顧愷之和三國吳曹不興、西晉衛協並稱中國最初的三大佛畫家。顧的作品相傳有《淨名居士圖》、《八國分舍利圖》、《康僧會像》等。此外，晉明帝、戴逵也善畫佛像，瓦官寺大殿外有戴作的文殊壁畫。

慧遠曾在東林寺建築龕室，令妙手畫工用淡采圖寫佛影，據說「色疑積空，望似煙霧，暉相炳焜，若隱而顯」，也是佛畫的傑作。

佛寺的建築，在東晉時期盛極一時。佛圖澄在石趙所興立的佛寺有八百九十三座。姚興「起造浮圖於永貴裡」，立「波若臺」，居中作須彌山，四面有崇岩峻壁，珍禽異獸，林草精奇，仙人佛像俱有。這些都是宏偉的佛教建築。

東晉的帝室、朝貴、名僧及一般社會知名之士（如許詢、王羲之等），很多熱心於佛寺的建築；歷史上著名的東林、道場、瓦官、長干諸寺，大都建築在這時期。

此外，綜合建築、雕塑、繪畫的石窟藝術也發軔於此時期。當時，北方鑿窟造像之風興起，其有文獻足徵的，如苻秦沙門樂僔於建元二年（西元三六六年），在敦煌東南鳴沙山麓，開鑿石窟，鐫造佛像，這就是著名的莫高窟，為東土鑿窟造像之嚆矢。

第一章　博覽經史　名振關輔

弱而好書，珪璋秀發。……遊學許洛，故少為諸生，博綜六後見舊《維摩經》，歡喜頂受，披尋玩味，乃言始知所歸矣。因此出家，學善方等，兼通三藏。

僧肇，俗家姓氏張，京兆長安（今陝西省西安市）人。生於東晉武帝太元九年（西元三八四年），卒於東晉安帝義熙十年（西元四一四年），春秋三十有一。

關於僧肇生卒年月的考證

關於僧肇生平活動的介紹，主要見於南朝梁代慧皎的《高僧傳・卷六・僧肇傳》和僧祐的《出三藏記集．卷十四》。這些著作中均未明確記載僧肇的生年，《高僧傳》中則有「晉義熙十年卒於長安，春秋三十有一矣」的說法；晉義熙十年，即西元四一四年。據此，後人推知僧肇出生於西元三八四年。對這一點，一千多年來並無疑議。

不過，二十世紀四〇年代，卻有學者提出不同看法，認為僧肇的生年應該更早；其主要理由是：從僧肇的佛學素養及跟隨鳩摩羅什的時間來看，死時才三十一歲，似乎過於年輕了。（註一）

因此，對這一問題就需要詳加辯證，因為它對於弄清僧肇的思想發展很有幫助。十年時間或許對於一般人來講無關緊要，但對於如僧肇那樣的「法門龍象」來說，意義可要大得多。

慧皎《高僧傳》中說僧肇「及在冠年，而名振關輔」；「冠年」即二十歲。若僧肇出生於西元三七四年的話，則此事當發生於西元三九三年左右；這一年，後秦皇帝姚萇病死，姚興於次年即帝位。姚興信奉佛教，主持譯經，建造寺廟，對佛教發展貢獻很大。

如果僧肇確實於西元三九三年就聲名遠播的話，從這一年到鳩摩羅什抵達長安這段時間內，姚興應當對僧肇甚為重視；但是，關於這方面的記載，至今還沒有人發現。

然而，如果僧肇出生於西元三八四年，則「冠年」當為西元四〇三年左右，此時羅什已到達長安（西元四〇一年一、二月）一年有餘，僧肇從羅什修學，又加上自己原有的玄、佛學功底，此時「名振關輔」的可能性很大。

況且，在這一年的四月二十三日，羅什始譯《大品般若經》（即《摩訶般若波羅蜜經》），僧肇從學，修行精進。

該經於當年十二月十五日譯完後，僧肇就自身的心得體會寫成了〈般若無知論〉一文，並呈送給鳩摩羅什，深得羅什讚賞。如此一來，僧肇的聲名更加隆盛遠播。

僧叡（羅什主要弟子之一）在〈大品經序〉中稱：

秦王躬覽舊經，驗其得失，咨其通途，坦其宗致，與諸宿舊，義業沙門：釋慧恭、僧䂮、僧遷、寶度、慧精、法欽、道流、僧叡、道恢、道標、道恒、道悰等五百餘人，詳其義旨，審其文中，然後書之。

在上述所列的「義業沙門」中還沒有僧肇。由此可以推知，到西元四〇三年四月羅什開始翻譯《大品般若經》時為止，僧肇雖然參與譯事，但尚屬無名之輩；該年底，僧肇因〈般若無知論〉一舉而廣受讚譽，甚至「名振關輔」，這是非常有可能的。

兩相比較，把僧肇的生年定為西元三八四年這一傳統說法，應該是合理的。

學識之養成

僧肇家境貧寒，據《梁高僧傳．卷六．僧肇傳》記載，僧肇「家貧以傭書為業。遂因繕寫，乃曆觀經史，備盡墳籍。」「傭書」是指受人雇傭抄書、以抄寫書籍為業的人，魏晉南北朝時稱「經生」，唐代稱「鈔書人」。

所謂「墳籍」，指的是古代典籍的代稱。其詞來源於《左傳．昭公十二年》，楚靈王稱讚左史倚相：「是良史也，子善視之，是能讀《三墳》、《五典》、《八索》、《九丘》。」《三墳》、《五典》、《八索》、《九丘》都是傳說中的古代典籍。

雖然僧肇的家境貧寒，不過他應該還是接受了私塾一類的教育，使得他能夠讀文識字。由於當時社會上大多數人不識字，或也可以推論，僧肇應當出生在一個清貧的讀書人家庭裡。因為歷史上沒有記載僧肇的出身，我們也就無從得知其具體家境。

僧肇以幫人抄書、謄寫書籍為業，於是便有機會閱讀各種各樣的經史典籍；當然，這裡所說的典籍主要指儒家和道教經典。

魏晉南北朝是玄學興盛的時期，僧肇應該也閱讀了大量玄學典籍，並且非常喜歡，尤其喜歡《老子》、《莊子》的思想。

魏晉玄學，是古代中國在魏晉時期所出現的一波崇尚老莊的思潮。「玄」這一概念，最早出現於老子（約西元前五七一至前四七一年）所著《道德經・一章》：

道可道，非常道；名可名，非常名。無，名天地之始；有，名萬物之母。故常無，欲以觀其妙；常有，欲以觀其徼。此兩者同出而異名，同謂之玄；玄之又玄，眾妙之門。

這段話的意思是說：可以用語言說出來的「道」，就不是真正恆常的

「道」；可以用言詞說出來名，就不是恆常的「名」。「無」是天地的本始，「有」是萬物的根源。經常從「無」中去觀察「道」的奧妙，經常從「有」中去認識「道」的端倪。「無」和「有」這兩者，來源相同而具有不同的名稱，都可以說是很幽深的；其極遠極深，是一切玄妙變化的總門。

揚雄（西元前五十三至西元十八年）也講玄，他在《太玄．玄摛》說：「玄者，幽摛萬類，不見形者也。」王弼（西元二二六至二四九年）的《老子指略》云：「玄，謂之深者也。」玄學即是研究幽深玄遠問題的學說。

魏晉玄學注重《老子》、《莊子》、《周易》，稱之為「三玄」，《老子》及《莊子》又被視為「玄宗」。魏晉玄學的主要代表人物有何晏、王弼、阮籍、嵇康、向秀、郭象等。

僧肇在閱讀抄寫各類玄學典籍的過程中，對老莊之說很喜歡；不過，又覺得老莊之說並不盡善盡美。他在閱讀老子《道德經》時，曾經感嘆地說：「美則美矣；然期棲神冥累之方，猶未盡善。」在他看來，老莊之學雖然看來具很美好，境界玄奧；但是，對於心神修行的方式，並沒有詮釋通透，沒有做到盡善盡美。

通觀漢傳佛教諸多高僧，由儒道入佛的很多；這是因為，出生在中土漢地，私塾所教學的都以四書五經、即儒家經典為主。由於這些高僧的志向是出世間之偉大事業，在閱讀儒家經典後必然不會止步於治世之學，而是會進一步尋求出世間之法，因而轉向道家經典的閱讀。而相對於佛法來說，道家學說顯然並未通達透徹，故而最終又會轉向佛法的學習。

歷代高僧如廬山慧遠、禪宗二祖慧可，以及近代高僧印光、弘一（註二）等，便是這般「轉向」，僧肇亦復如此。

《維摩詰經》的影響

僧肇出家的因緣與《維摩經》是分不開的。《梁高僧傳．卷六．僧肇傳》記載：

> 後見舊《維摩經》，歡喜頂受，披尋玩味，乃言始知所歸矣。因此出家，學善方等，兼通三藏。

僧肇由於不滿意魏晉玄學之說，於是四處求索，終於在後來見到了舊譯《維摩經》，非常高興，覺得真正找到了學習、修行的正確道路和歸宿。於是出家為僧，竭力學習廣大平等之佛教大乘經典，對經、律、論都有非常通達的研究，成為一位佛學知識淵博的青年佛教學者。

舊譯《維摩經》，指的是吳時支謙所譯或西晉竺法護、竺叔蘭之譯本。從東漢至唐初，除鳩摩羅什譯本（三卷十四品）外，還有七個譯本：東漢嚴佛調譯《古維摩詰經》二卷（已佚）；吳支謙譯《維摩詰經》二卷；西晉竺叔蘭譯《異毗摩羅詰經》三卷（已佚）；西晉竺法護譯《維摩詰所說法門經》一卷（已佚）；東晉祇多蜜譯《維摩詰經》四卷（已佚）；唐玄奘譯《說無垢稱經》六卷；東晉支敏度還曾將支謙、竺叔蘭和竺法護三譯糅合為一，名《合維摩詰經》行世。

《維摩經》即《維摩詰所說經》（Vimalakīrti-Nirdeśa-Sūtra），經旨在闡說佛教在家居士維摩詰所證之「不可思議解脫法門」，故又稱《不可思議解脫經》。本經的中心人物維摩詰，為毗耶離國的大乘居士；他與文殊師利等菩薩和比丘反覆論說佛法，因成此經。

此經闡揚大乘般若性空思想，宣揚大乘佛教應世入俗的觀點，主張世間與出世間、生死與涅槃、有相與無相、有知與無知等一切分別平等不二，由此不二法門可得無生法忍，遠離一切煩惱妄想，進入涅槃境界。

《維摩詰經》在中國傳統社會士大夫階層中極受歡迎；因為，不出家而修行，正好契合了士大夫入世為民理政、出世修行悟道的需求。如唐朝大詩人王維（西元七〇一至七六一年）字「摩詰」便源於此，他本人更號「詩佛」。北宋王安石（西元一〇二一至一〇八六年）也極為喜歡此經，晚年還為此經作注。可以說，《維摩詰經》對儒道佛三者思想產生某種協調，有利於三教合一。《維摩詰經》是僧肇學佛之起源，對僧肇影響極大；後來，僧肇還專門為此經作了注。（註三）

僧肇進入弱冠之年，即二十歲時，已經是知名於關中地區的著名學僧，「乃在冠年，而名振關輔」。僧肇與各地僧徒士子辯論，雄辯之名一時無兩。

當時正是後秦姚興弘始五年（西元四〇三年）左右，佛教盛興，關於佛教的各種爭辯非常激烈。之所以如此的原因，是因為當時佛經傳入中土且被譯為漢文的較少，很多佛教教理都沒有得到充分闡發，所以才有各種爭辯。後來，隨著鳩摩羅什等高僧翻譯佛教經典日益完備，紛爭才少了很多。

後秦文桓帝姚興（西元三六六至四一六年），南安郡（今甘肅隴西）人，後秦第二位皇帝（西元三九四至四一六年在位）。統一關隴地區，實現後秦、北魏、東晉三足鼎立。弘始元年（西元三九九年），率兵南伐東晉，攻陷洛陽，基本控制黃河、淮河、漢水流域。

弘始三年（西元四〇一年），迎請高僧鳩摩羅什入長安，組織了大規模佛經翻譯事業，並廣建寺院，對佛教發展產生極大的推動作用。弘始十八年（西元四一六年）駕崩，遺詔皇太子姚泓即位，後為東晉太尉劉裕所滅。

因為僧肇名聲遠播，所以當時佛教界的僧眾及儒道士子等都希望與他辯論義理問題，甚至有人自己帶著糧食不遠千里而來，如〈僧肇傳〉所載：「時競譽之徒，莫不猜其早達；或千里負糧，入關抗辯。」

由於僧肇博覽經史，學善方等，再加上他才思敏捷，思維深邃，所以面對一次又一次的辯論，他都能毫無滯澀地將問題講得通達透徹。在面對面的機鋒轉語論辯中，僧肇獲得了大眾的高度讚揚；不論是京師的儒學大師，還是關外的年輕英傑，都在辯論中無法勝過僧肇：「時京兆宿儒，及關外英彥，莫不挹其鋒辯，負氣摧衄。」

僧肇和這些人的辯論內容到底是什麼？現已很難考證。不過，從僧肇博覽儒道經史，喜歡讀《維摩詰經》以及大乘方等經典佛經來看，估計應是對佛教義理的闡釋；因為，當時佛經翻譯不多，佛教教理上還存在不少疑義。不過，就總體而言，應當主要涉及的是儒、釋、道三家思想的激烈爭論，否則也不會有與「京兆宿儒」、以及千里而來之「關外英彥」的爭論了。

當時魏晉玄學興盛，儒家文化仍舊是社會主流，佛教屬於外來文化，三教之間的文化衝突是不可避免的。例如，儒家學者強調以孝悌為本，出家則被視為「不孝」；再比如，道家學者認為世界的本體是「大道」，而不是佛教所說的「本心」。

僧肇與眾人爭辯的內容不外乎三教的義理衝突及調和；由於僧肇對於儒家、道家的經典非常熟悉，對佛教經典也相當精通，才能在辯論中屢屢折服眾人，名聲遠播。

從僧肇的學理方面來看，估計僧肇是以《維摩詰經》以及鳩摩羅什譯出的《大品般若經》的思想為主，結合大乘佛法的其他思想，來調和儒釋道之間的爭議。《大品般若經》對於般若空觀的詮釋極為精闢，在義理上確實超越當時的魏晉玄學之說；以此論辯，自然為僧徒士子所關注。其後僧肇所著〈般若無知論〉更是引起大眾關注，甚至對南方佛教界也產生了一定影響。

《維摩詰經》歷來受儒道學人所喜。《維摩詰經》主張，只需要誠心修行，不用出家也可以證得大道，維摩詰就是一位佛教大居士。經云：

世間、出世間為二。世間性空，即是出世間；於其中不入、不出，不溢、不散，是為入不二法門。

這就是主張世間、出世間是不二法門的意思，當因緣不具足的時候，沒有必要強調一定得出家；只要竭誠在家精進修行，一樣也可以獲得大成就。經中又云：

樂涅槃、不樂世間為二。若不樂涅槃，不厭世間，則無有二。所以者何？若有縛，則有解；若本無縛，其誰求解？無縛無解，則無樂厭，是為入不二法門。

佛教不壞世間法，反而和世間法在本質上是相同的；完全擯棄世間法，也就不能求得出世間法了。這正如《壇經》中六祖惠能所說的：

佛法在世間，不離世間覺；
離世覓菩提，恰如求兔角。

世間、出世間法圓融無二，只有以此為基礎，儒釋道三教才有相互融合的可能。

僧肇見舊譯《維摩詰經》而出家，其後又隨鳩摩羅什重新翻譯此經，並為之作注。可見此經對僧肇影響之大，對其論辯亦有甚深影響。

【註釋】

註一：日本佛教史專家塚本善隆撰〈《肇論》在佛教史上的意義〉一文，認為僧肇的生年應當提前十年即西元三七四年。其主要理由是：從僧肇的佛學素養和跟隨鳩摩羅什的時間來看，死時才三十一歲，似乎過於年輕了；再者，古漢語中四十作「卌」，後人輾轉誤抄而成「卅」也是有可能的。這一說法影響很大，就連任繼愈先生主編的《中國佛教史》中也以兩種說法並存。

註二：《高僧傳》記載，慧遠（西元三三四至四一六年）少年時「博綜六經，尤善莊老」；後來，聽到道安法師講《般若經》，豁然而悟，乃歎曰：「儒道九流，皆糠秕耳。」於是從道安出家。

慧可（西元四八七至五九三年）少為儒生時，博覽群書，通達《老》、《莊》、《易》學。年約四十歲時，遇天竺沙門菩提達摩在嵩洛（今河南嵩山洛陽）遊化，即禮他為師，得達摩衣鉢真傳。

印光（西元一八六二至一九四〇年）幼隨兄讀儒書，頗以傳承儒家聖學自任，應和韓歐辟佛之議。後來病困數載，始悟前非，頓革先心；出世緣熟，即投終南山南五台蓮華洞寺出家。

弘一（西元一八八〇至一九四二年）日本留學，學貫中西，藝專多科。其弟子評價說：「由翩翩公子一變而為留學生，又變為教師，三變而為道人，四變而為和尚。每做一種人，都做得十分像樣。」

註三：歷代高僧對《維摩詰經》的註解頗豐，主要注疏包括：東晉．僧肇《維摩詰所說經注》十卷；隋．慧遠《維摩經義記》八卷，智顗《維摩經玄疏》六卷、《維摩經文疏》二十八卷，吉藏《維摩經玄論》八卷、《維摩經義疏》六卷；唐．湛然《維摩經略疏》十卷，窺基《說無垢稱經贊》六卷。

第二章　師從羅什　參與譯經

因出《大品》之後，肇便著〈般若無知論〉，凡二千餘言，竟以呈什。什讀之稱善，乃謂肇曰：「吾解不謝子，辭當相挹。」

鳩摩羅什是僧肇之師。兩人是在何時展開師徒之緣的呢？

至長安跟隨鳩摩羅什

《梁高僧傳．卷六．僧肇傳》記載：

後羅什至姑臧，肇自遠從之，什嗟賞無極。及什適長安，肇亦隨入。及姚興命肇與僧叡等，入逍遙園，助詳定經論。肇以去聖久遠，文義舛雜，先舊所解，時有乖謬；及見什諮稟，所悟更多。因出《大品》之後，肇便著〈般若無知論〉，凡二千餘言，竟以呈什。什讀之稱善，乃謂肇曰：「吾解不謝子，辭當相挹。」

據載，鳩摩羅什後來到了姑臧這個地方，僧肇就從遠地過來跟隨羅什，鳩摩羅什對僧肇非常欣賞。後來，羅什被迎請到了長安，僧肇也跟隨前往。後秦皇帝姚興便讓僧肇、僧叡等人，一起到逍遙園，協助鳩摩羅什翻譯佛經。

在翻譯與整理佛經的過程中，僧肇發現，目前的時代距離釋迦牟尼佛住世已經相距很久；所以，釋迦佛傳下來的佛教經典有各種不同的版本及注釋；而這些以前的翻譯及注釋不夠準確，時有不合佛法的錯誤之處。僧肇向鳩摩羅什請教後，得到了更多體悟。

後來，在協助羅什翻譯完《大品般若經》（即《摩訶般若波羅蜜經》）之後（西元四〇四年），僧肇自己寫了〈般若無知論〉這篇論文，全文約二千多字。鳩摩羅什看到僧肇寫的論文之後，非常讚賞，感慨地對他說：「我的見解雖然不弱於你，文采卻實在不如你呢！」

鳩摩羅什（Kumārajīva，意譯「童壽」，西元三四四至四一三年），被尊為中國佛教八宗之祖。「鳩摩羅」為其姓，後人一般略稱其為「羅什」或「什」。祖籍天竺，出生於西域龜茲國（今新疆庫車），家世顯赫，其祖上為名門。

鳩摩羅什自幼天資超凡，半歲會說話，三歲能認字，五歲開始博覽群書，七歲跟隨母親一同出家，曾遊學天竺諸國，遍訪名師大德，深究妙義。他年少精進，又博聞強記，既通梵語，至漢地後又嫻漢文，佛學造詣極深。博通大乘小乘，精通經、律、論三藏，並能熟練運用，論辯自在，乃三藏法師第一人。與玄奘（西元六〇二至六六四年）、不空（西元七〇五至七七四年）、真諦（西元四九九至五六九年）並稱中國佛教四大譯經家，並位列其首。

鳩摩羅什總計翻譯經律論傳九十四部，四百二十五卷。其中，「三論」

（《中論》、《十二門論》、《百論》）為三論宗主要依據；《成實論》為成實學派主要依據；《法華經》為天台宗主要依據；《阿彌陀經》為淨土宗所依「三經」之一；《彌勒成佛經》和《彌勒下生經》是信仰彌勒的經典；《坐禪三昧經》是安世高以來第一部大乘禪法經典；《十誦律》是第一部完備的漢譯小乘戒律；《金剛般若經》對禪宗有極大影響；而大小品《般若經》的重譯和《大智度論》的新譯，因譯文明白流暢，使大乘般若學說能夠廣泛傳播，成為各學派、宗派共同的理論來源。

鳩摩羅什的譯經和佛學成就，在漢傳佛教發展史上可說前無古人。

鳩摩羅什桃李滿天下，參與譯經的弟子達五百餘人，聽法受學的弟子更多至三千人；他們後來分赴大江南北，對漢傳佛教的形成起了很大作用。著名弟子有道生、僧肇、僧叡、道恒、曇影、慧觀、慧嚴、道融、僧䂮、僧遷、法欽、曇無成、僧導、僧業、僧嵩等，後世有「什門八俊」、「四聖」、「十哲」之稱；其中，道生、僧肇、僧叡、道融稱「什門四聖」。僧肇是鳩摩羅什門下著名弟子，被譽為「解空第一」。

東晉太元八年（西元三八四年），呂光（西元三三七至三九九年）受前秦苻堅之命，迎鳩摩羅什從西域龜茲國來到涼州的姑臧（今甘肅武威）；後遇苻堅被殺的事變，鳩摩羅什因此被迫在涼州先後滯留了十六年之久；呂光自立為「後涼」，是為後涼太祖。

後秦滅後涼，直到後秦姚興弘始三年（西元四〇一年）十二月，羅什才被姚興請至長安。至十一年（西元四〇九年），鳩摩羅什與弟子譯成《大品般若經》、《法華經》、《維摩詰經》、《阿彌陀經》、《金剛經》等經，以及《中論》、《百論》、《十二門論》等論，系統地介紹龍樹中觀學派的學說。

那麼，在鳩摩羅什滯留姑臧期間，是否僧肇就遠來跟隨了呢？對此，文獻上存有疑義。

隋朝吉藏大師（西元五四九至六二三年）在《百論疏》中這樣說：「什至京師，肇從請業。」這似乎說明僧肇並沒有去過姑臧，而是鳩摩羅什來到京師（長安）之後才追隨的。

僧肇本人也有類似的說法，在〈般若無知論〉中記載：

大秦天王……乃集義學沙門五百餘人於逍遙觀，躬執秦文，與什公參定方等。……余以短乏，會廁嘉會，以為上聞異要，始於時也。

這裡的「大秦天王」即姚興。從僧肇自己的記述來看，似乎僧肇是在鳩摩羅什入長安之後才跟隨羅什參與翻譯佛經的。

從僧肇弱冠之年即「名振關輔」來看，這一段時間僧肇似乎一直在長安與人論辯，其時已經是弘始五年（西元四〇三年）。鳩摩羅什於弘始三年（西元四〇一年）至長安，所以僧肇不太可能遠去姑臧追隨羅什，而應當是在羅什到長安之後再跟隨的。

唐代僧人元康（生卒年不詳）所作《肇論疏》甚為知名。在《肇論疏．涅槃無名論並表上秦主姚興》中，僧肇說自己「在什公門下十有餘載」，《肇論疏》在注釋說：「十九事什公，三十一亡，十餘年也。」僧肇十九歲時約為西元四〇二年，當時鳩摩羅什已入長安。

可見，僧肇確實是在羅什至長安以後才跟隨其修習佛法；《高僧傳》中關於羅什在姑臧時僧肇遠來追隨的說法，似有不妥。當然，如果說僧肇遠去姑臧追隨鳩摩羅什，然後又一起回到長安，似也說得通；只是，就與其他記載多有矛盾了。

參與翻譯《大品般若經》

鳩摩羅什到長安之後，受到後秦皇帝姚興的隆重禮遇，待以國師之禮。姚興召集沙門僧肇、僧遷、僧叡、法欽、道流、道恒、道標等五百餘人，聽從鳩摩羅什的安排，又令僧肇、僧叡等人，入逍遙園協助羅什翻譯、勘定經典。

那麼，僧肇是否參與了翻譯《大品般若經》的工作呢？根據僧叡〈大品經序〉中記載：

> 以弘始五年，歲在癸卯，四月二十三日，於京城之北，逍遙園中，出此經。法師手執胡本，口宣秦言，兩釋異音，交辯文旨。秦王躬覽舊經，驗其得失，咨其通途，坦其宗致，與諸宿舊，義業沙門：釋慧恭、僧䂮、僧遷、寶度、慧精、法欽、道流、僧叡、道恢、道標、道恒、道悰等五百餘人，詳其義旨，審其文中，然後書之。以其年十二月十五日出盡，校正檢括，明年四月二十三日乃訖。

從中可以看出，秦王姚興對於《大品般若經》的翻譯非常重視，不但親自參與，並且與鳩摩羅什及「諸宿舊義業沙門」研討得失。僧眾對於佛經的翻譯也非常慎重，首先對照西域傳過來的佛經版本（胡本），用本土語言（秦言）讀出，仔細勘辨。翻譯過程中，秦王親自對照舊本來查閱新本，並與五百沙門詳盡地釐清義理旨趣。在反覆勘校無誤之後，才正式確定，書寫文本。《大品般若經》在弘始五年（西元四〇三年）十二月譯出之後，又經過四個月的勘校，才得以完成。

僧肇作為五百餘人中的一員，雖然因為年輕，而並非「諸宿舊義業沙門」，但顯然是參與了翻譯《大品般若經》；其後所寫的〈般若無知論〉，也獲得了羅什的高度稱讚。

參與翻譯佛經這件事情，僧肇自己在〈般若無知論〉中這樣記述：

> 弘始三年，歲次星紀。秦乘入國之謀，舉師以來之，意也北天之運數其然矣。大秦天王者，道契百王之端，德治千載之下，游刃萬機，弘道終日，信季俗蒼生之所天，釋迦遺法之所仗也。時乃集義學沙門五百餘人，於逍遙觀躬執

秦文與什公參定方等。其所開拓者，豈唯當時之益，乃累劫之津梁也。余以短乏，曾廁嘉會，以為上聞異要，始於時也。

從此記述來看，僧肇盛讚秦王姚興的功德：正是因為姚興征伐西涼，所以才能將鳩摩羅什大師迎往長安。之後僧肇成為羅什弟子，也成為協助羅什譯經之五百餘人中的一員，並且進入逍遙觀協助羅什一同翻譯佛典。僧肇自述「上聞異要，始於時也」，這自然包括鳩摩羅什翻譯或講解的《大品般若經》內容。

宋代高僧晉水淨源（西元一〇一一至一〇八八年）所作《肇論中吳集解》，在秦王「躬執秦文與什公參定方等」的句子下來，淨源明確注釋說：「秦王親執《大品》，與什公諸德，參詳文義。」也就是說，秦王姚興親自拿著翻譯出的《大品般若經》，與鳩摩羅什及諸位大德比丘，對文義加以相互討論研究。

若依《肇論中吳集解》所記，僧肇的確是參與了《大品般若經》的翻譯工作。

僧肇的第一篇佛學論文——〈般若無知論〉

僧肇在協助鳩摩羅什翻譯完《大品般若經》之後，有感而發，因而寫下〈般若無知論〉這篇論文，這也是僧肇所寫的第一篇佛學論文。

在〈般若無知論〉中，僧肇運用了中觀「非有非無、有無不二」的方法來說明般若聖智「無知而無所不知」的道理。

所謂「中觀」的這種方法，主要指的是不執著於任何一種極端——例如執著於「有」或者「無」這兩種極端，而主張採取一種不落於兩邊的「中道」方式來觀照萬事萬物的表象和本質，來觀照現象世界與本體世界。

可以說，這種「不落兩邊、有無雙遣」的認知或觀照方法，漢地僧俗當時並不熟悉；因此，這篇論文一出世就引起轟動，得到很高的聲譽。不僅得到了鳩摩羅什的高度讚揚，後來也得到了南方慧遠、劉遺民等人之讚賞，對般若中觀思想在漢地的廣泛傳播起了很大的推動作用。

鳩摩羅什還於西元四〇三年譯出了《百論》，隨後僧肇又寫了〈百論序〉。

《百論》是古印度提婆（Arya-deva，意為「聖天」）著、世親（Vasubandhu）釋的一部佛教論書。

提婆，是印度佛教中觀派創始人龍樹（Nagārjuna）的弟子，禪宗西天第十五代祖師，獅子國（今斯里蘭卡）人，約生活於西元三世紀。

龍樹是著名的大乘佛教論師，在印度佛教史上被譽為「第二代釋迦」，大約活躍於西元一五〇年至二五〇年之間。龍樹開創空性的中觀學說，肇大乘佛教思想之先河，其著以《中論》及《大智度論》最為著名。

世親，是西元四世紀末的印度佛教論師，與其兄無著（Asanga）同為印度佛教大乘瑜伽行派的創立者。

《百論》的主題是破斥古代印度佛教以外的其他外道流派的學說，其方式是「唯破不立」；意即，設一個論題，加以批駁；再設一個論題，再批駁。通過「外曰」（代表外論異說）和「內曰」（代表提婆的觀點）對論辯難，鋪成一品。

譯本中，注有「修妬路」（sūtra，即「修多羅」之異譯，意為契經）的段落是提婆的原文，此外是世親的解釋。「修妬路」語句簡約，其含義多藉世親的訓釋而顯明，主要包括〈舍罪福品〉、〈破神品〉、〈破一品〉、〈破異品〉、〈破情品〉、〈破塵品〉、〈破因中有果品〉、〈破因中無果品〉、〈破常品〉、〈破空品〉等。

僧肇在〈百論序〉中談到了作序的緣起：

於時外道紛然，異端競起，邪辯逼真，殆亂正道。乃仰慨聖教之陵遲，俯悼群迷之縱惑，將遠拯沉淪，故作斯論。

《百論》所作之時，距離釋迦牟尼佛圓寂已經八百餘年，佛法日趨衰微，外道學說充斥世間，各種異端、乖僻之說擾亂視聽，禍亂正道。高僧提婆有感於此，為了彰顯佛法正理，故而作了這部論典；「論有百偈，故以百為名」。羅什亦甚為重視此論：

有天竺沙門鳩摩羅什，器量淵弘，俊神超邈，鑽仰累年，轉不可測；常味詠斯論，以為心要。

在鳩摩羅什譯出《百論》之後，僧肇對其教理深以為然，乃作此序。

第三章　注《維摩經》答劉遺民

夫聖智無知，而萬品俱照；法身無象，而殊形並應；至韻無言，而玄籍彌布；冥權無謀，而動與事會。故能統濟群方，開物成務，利見天下，於我無為。

西元四〇六年，東晉安帝義熙二年，後秦弘始八年，僧肇年二十三。鳩摩羅什於長安重譯《維摩詰經》，僧肇參與，並為《維摩詰經》作注，及作序一篇。

羅什門下諸賢

這一年，道生也到了長安，與僧肇相識。僧肇在〈答劉遺民書〉中說：「生上人頃在此，同止數年；至於言話之際，常相稱詠，中途還南。」說明在這幾年間，僧肇與道生相識相知，相互欣賞，只是後來道生中途南下了。道生南下途中在廬山東林寺盤桓了一段時間，慧遠、劉遺民也因此得以見到僧肇的〈般若無知論〉。

竺道生（西元三五五至四三四年），幼年跟從竺法汰（佛圖澄弟子）出家，改姓竺。道生八歲出家，十五便登座講法。後與慧嚴等同游長安，追隨鳩摩羅什受業；關中的僧眾只要見過道生的，皆欽服於他的英才秀傑。羅什門下有被尊稱為「四聖十哲」的傑出弟子，道生就榮列其一。道生跟隨羅什遊學多年，對龍樹和僧伽提婆所弘傳的中觀空義旨要能夠深達玄奧。

當北涼譯的大本《涅槃經》傳到南方以前，東晉安帝義熙十四年（西元四一八年），已在建康譯出法顯所帶回的六卷《大般泥洹經》。經文中多處宣說眾生都有佛性，唯獨「一闡提」例外。

一闡提，為梵語Icchāntika之音譯，意為「不信」，在佛教中即為不信佛法者。以此指稱斷絕善根的極惡眾生，沒有成佛的菩提種子，就像植物種子已經乾焦一般；「雖復時雨百千萬劫，不能令生，一闡提輩亦復如是。」

然而，道生不贊同此種說法。他仔細分析經文，探討幽微妙法之後認為：一闡提固然極惡，但也是眾生，並非草木瓦石，因此主張「一闡提皆得成佛」。

這種說法在當時可謂聞所未聞，引起當時拘泥經文之舊學大眾的擯斥。道生因而不得不離開建康。來到虎丘山（位於蘇州）時，曾聚石為徒講說《涅槃經》。當他講解「一闡提也有佛性」，並問石頭：如我所說，契合佛心嗎？奇妙的是，石頭竟然都點頭了。這就是流傳千載「生公說法，頑石點頭」的佳話。

宋文帝元嘉七年（西元四三〇年），道生再度來到廬山；此時，大本《涅槃》已流傳到南方建康，其中果然有「一闡提人有佛性」的記載，與當年道生所主張的完全契合，南方大眾這才佩服道生的卓越見識。

道生獲得新經，不久便開講《涅槃經》。宋文帝元嘉十一年（西元四三四年），道生在廬山精舍說法，「舍壽之時，據獅子座」，在講座上端坐而逝。由於鳩摩羅什聲名遠播，四方來追隨者絡繹不絕。據《高僧傳》記載其弟子，僧弼「從什受學，愛惜日力，靖有深思，什加賞特深，使頒預參譯」；慧嚴「訪正音義，多所異聞」；僧翼「經律數論，並皆參涉，又誦《法華》一部」；道生「關中僧眾，咸謂神語」。鳩摩羅什讚歎曰：「通情則生（道生）、融（道融）上首，精難則觀（慧觀）、肇（僧肇）第一。」

道融（西元三五五至四三四年），十二歲出家，遊學多年，至三十歲，內（佛學）外（諸子百家）經書即瞭若指掌，讀書過目不忘。後來追隨鳩摩羅什受學，參與譯經，並著《法華經義疏》等書。鳩摩羅什對他的才學極為讚賞，有「佛法之興盛，當有賴於道融」的評語。

後秦弘治年間，來自獅子國（斯里蘭卡）的波（婆）羅門學者，來到當時的長安，向佛門弟子們挑戰。對後秦主姚興說：「誰辯論勝了，誰就在中國傳教。」鳩摩羅什讓道融應戰。道融在姚興和王公大臣及諸僧眾面前從容登臺，與波羅門學者各逞言鋒，滔滔不絕，將對方的言論一一加以駁難，終勝波羅門學者，維護了漢地僧人的尊嚴。

慧觀（？至西元四五三年）先曾師事慧遠，既而聽說鳩摩羅什到了長安，就從羅什請問佛學，研核異同，詳辯新舊。之後跟隨佛陀跋陀羅南下，輾轉至建康，住道場寺。曇無讖所譯大本《涅槃》傳到建康時，他參與慧嚴、謝靈運等的修訂。

慧觀著有〈辯宗論〉、〈論頓悟漸悟義〉等文。他又立「二教五時」的教判，把釋迦如來一代的教法大別作「頓、漸」二教，在漸教內更開作「三乘別教、三乘通教、抑揚教、同歸教、常住教」五時。此是漢地判教的嚆矢，後來南地的教判多以此為基礎。

慧嚴（？至西元四四三年）三十歲時到長安從羅什受學，和慧觀同為什門八俊之一。後來回到建康，住東安寺，著有〈無生滅論〉和《老子略注》等。

注《維摩詰經》，撰〈不真空論〉和〈物不遷論〉

《注維摩詰經》是僧肇花費甚多精力所作；而且，對於僧肇而言，《維摩詰經》具有特殊的意義——正是因為接觸到了舊譯《維摩詰經》，僧肇才真正踏入佛法的殿堂。後來，在追隨鳩摩羅什翻譯佛教經典的過程中，僧肇對佛學教理的理解愈發深邃；在協助鳩摩羅什重新翻譯《維摩詰經》之後，又單獨作了《維摩詰經》的注解。

僧肇注的十卷本《注維摩詰所說經》，糅合古三家注本，又與老莊思想對比，以進一步解讀佛經，在當時的佛教界和士子中影響甚大。因為僧肇對儒釋道三家的經史非常熟悉，對三家思想也非常通達，因而所作注解能夠融合三家，在體現佛法真意的基礎上深入淺出地說明，讓儒道學者（尤其是深受魏晉玄學影響的士子）也能夠理解，故而頗受歡迎。

在《注維摩詰經》一書的開端，有僧肇撰寫的一篇序言，較為完整地闡述了僧肇對《維摩詰經》這部大乘佛教經典思想宗旨的理解。序言中說：

> 夫聖智無知，而萬品俱照；法身無象，而殊形並應；至韻無言，而玄籍彌布；冥權無謀，而動與事會。故能統濟群方，開物成務，利見天下，於我無為。而惑者覩感照，因謂之智；觀應形，則謂之身；覿玄籍，便謂之言；見變動，而謂之權。

可以看到，僧肇基本上是從三個層面來詮釋《維摩詰經》的思想主旨。首先，僧肇在序言中提出了「智、形、言、權」四個概念；其中，「智」指佛菩薩聖者的智慧，「形」指其形體，「言」指其言語，「權」指其隨機應世。

其次，以這四個概念為基礎，僧肇認為《維摩詰經》的主要思想可以概括為：以「權智」為主導統攝菩薩行的思想，以「六度」為根本建構菩薩諸德的思想，以「慈悲」為首要原則救度眾生的思想，以「不二法門」作為討論宗旨問題的思想。

最後，從「本」和「跡」兩個層面來說，佛菩薩由本顯跡，以各種權巧方便法門度脫眾生；本、跡兩個層面的共同特徵都是「不可思議」，所以《維摩詰經》是一部「不可思議解脫經」。

僧肇在注釋《維摩詰經》以及其他佛教經典時，善於與當時盛行的魏晉玄學等名相作巧妙比較或溝通。在《注維摩詰經》中，僧肇有這樣一處注釋：

維摩詰，秦言淨名，法身大士也。其權道無方，隱顯殊跡；釋彼妙喜，現此忍土。所以和光塵俗，因通道教。

在此，僧肇一方面用「權道」一詞來指代維摩詰菩薩的方便度眾之道；另一方面，用「道教」一詞來指代指佛教或佛法。這種以「道教」指稱佛教或佛法的做法，是魏晉南北朝時期佛典翻譯及佛教文獻中的一種常見用法，在僧肇這部《維摩經》注疏著作中就多次使用了這種說法。僧肇自己也自稱「貧道」；這裏所說的貧道是自謙，是「修道（佛法）之人」的意思，不是指道教的出家道士。

這種方式與當時盛行的「格義佛學」（即將佛教思想與世間儒道思想比配講解）有關；僧肇透過這種方式擴大了佛教在社會上的影響，從而讓更多的人接受佛教、理解佛教。自鳩摩羅什和僧肇之後，隨著社會大眾對佛教教理的深入認識，格義佛學終歸沉寂。

西元四〇九年，東晉安帝義熙五年、後秦弘始十一年，僧肇年二十六。鳩摩羅什於長安譯出《中論》。在此之後，僧肇撰寫了〈不真空論〉和〈物不遷論〉，兩篇論文中都援引了一些《中論》的思想和文句。

《中論》約撰成於三國魏明帝（西元二〇六至二三九年）時，題為龍樹（Nagārjuna）著、青目（Pivgalanetra）注釋，後秦鳩摩羅什譯四卷。此論為印度中觀派對部派小乘佛教及其他學派進行破斥，而顯示自宗的論戰性著作，主要內容是闡發「八不緣起」和「實相涅槃」，以及諸法皆空義理的大乘中觀學說。《中論》有「不生亦不滅，不常亦不斷，不一亦不異，不來亦不去」之「八不偈」，藉由否定八類偏見來顯發中道實相。

《中論》是大乘中觀學說的典籍，如其〈四諦品〉之「三是偈」云：

因緣所生法，我說即是空；亦為是假名，亦是中道義。

未曾有一法，不從因緣生；是故一切法，無不是空義。

簡而言之，中觀學說對於世俗表象世界和本體心性世界的關係作了辯證說明：世俗猶如「水波」，本體猶如「水」，水波並不等於水，但也不異於水；要想認識「水」的本性，也不能離開對「水波」的觀照。

龍樹菩薩開創的中觀學說，令小乘學者大為折服，大乘學者也都奉為圭臬。他的學說通過鳩摩羅什翻譯介紹到中國來，大乘空宗的思想因而得以大為顯揚，影響深遠。

僧肇顯然也深受《中論》影響，其〈不真空論〉主要探討的便是中道空觀的問題。僧肇主要接受的是鳩摩羅什翻譯並宣揚的大乘中觀佛學思想，主張「非有非無」的中道空觀，即堅持表象世界一切皆空的觀點，卻也反對斷滅空觀，而提出了「不真空論」的佛學思想，這有助於糾正當時佛學界的各種偏狹觀點。

〈物不遷論〉主要探討的是如何在世俗生活中體會到「不真空」。僧肇認為，人們在生活中見到的一切運動著的物體或現象都是不真實的，都是虛幻的表象；物之所以不遷，是因為那表象背後的本體世界（即為空性）不遷。

回覆劉遺民之疑惑

西元四〇八年，東晉安帝義熙四年、後秦弘始十年，僧肇年二十五。是年道生南返，路過廬山時，將〈般若無知論〉呈給慧遠大師及居士劉遺民過目，兩人大加讚歎，劉遺民便讚道：「不意方袍，復有平叔（註一）！」

劉遺民（西元三五二至四一〇年），晉代著名佛教居士，彭城（江蘇銅山縣）人。年少喪父，事奉母親極為孝順。擅長《老子》及《莊子》學說，不隨便混雜於俗世。當時，慧遠大師居住在廬山東林寺修習念佛三昧，劉遺民於是前往依止。後在慧遠主持下建立蓮社，修淨土念佛法門。

據《東林傳》與《出三藏記集》記載，劉遺民勤修精進，臨終前對著佛像焚香，一再地禮拜並祈禱：「我因為釋迦牟尼佛的遺教，知道有西方極樂世界阿彌陀佛，此香應當先供養釋迦如來，其次供養阿彌陀佛；再其次供養《妙法蓮華經》，我之所以能夠得生淨土，就是由於此經的功德。並且願與一切有情，同生西方淨土。」說完之後即與大眾告別，睡臥在床上，面向西方合掌，安然往生。其時為東晉安帝義熙六年（西元四一〇年）。

六年之後，慧遠大師在精舍靜坐時，在禪定中見到阿彌陀佛，其身高大遍滿虛空，觀世音、大勢至菩薩侍立在左右兩側，劉遺民和蓮社中先已往生的僧俗，都在佛的側前方，向慧遠大師拱手道：「大師發心在先，怎麼到來這麼晚呢？」遠公遂在七日後安詳圓寂。

慧遠（西元三三四至四一六年），早年於儒道學說都有根柢，後從道安出家，對般若性空深造有得。道安入關，分散徒眾。慧遠在廬山東林寺率眾行道，並宣導往生西方阿彌陀佛淨土的念佛法門。他以江東禪法無聞、律藏殘缺，遂令弟子法淨、法領等到天竺尋訪。後聽聞鳩摩羅什至長安，便致書通好，並就大乘的要義往復問答（後人集為《大乘大義章》），又節錄羅什所譯《大智度

論》為《大智論抄》。他還請佛陀跋陀羅和僧伽提婆等從事經論的傳譯，對佛教各方面均有頗多貢獻及影響。（註二）

劉遺民對僧肇非常仰慕，便於次年（西元四〇九年）十二月，寫信給僧肇，大意為：自從看到僧肇所寫的〈般若無知論〉之後，覺得這篇論文「才運清儁，旨中沈允，推步聖文，婉然有歸」，所以非常喜歡，甚至每天手不釋卷地學習，而且越學習越覺得論文的精妙，「窮盡精巧，無所間然」。但是，反覆閱讀之後，還是覺得有一些不甚理解的地方；所以，將這些不明之處一一列出，請僧肇加以解釋。

僧肇於西元四一〇年八月十五日作答書，回覆了劉遺民提出之有關〈般若無知論〉的問題，並附贈所作《注維摩詰經》一本。

劉遺民在信中對般若「寂照不二」的體性有所質疑。他說：

用即寂，寂即用，神彌靜，應逾動……是以知不廢寂，寂不廢知……但今談者，所疑於高論之旨，欲求聖心之異，為謂窮靈極數，妙盡冥符耶？為將心體自然，靈泊獨感耶？若窮靈極數，妙盡冥符，則寂照之名，故是定慧之體耳。若心體自然，靈怕（泊）獨感，則群數之應，固以幾乎息矣。

這一疑問是說，按照僧肇的說法，般若之知是「寂照不二」的。所謂寂，指虛寂、寂滅不動；所謂照，指觀照、照鑑萬物；所謂「寂照不二」，指不動的本體和觀照萬物的功用不是兩種事物，而是同一的。然而，對於該論的義旨，人們難以理解，總想尋找般若聖心寂、照不同的異處。

就寂、照二者而言，應當有定（指禪定不動）、慧（指智慧的運用）的差異；定是寂、慧是照，寂、照就不一樣了。如果說，般若聖心有自然心體，不加功力就能靈明淡泊、獨存感應，聖心便應該是超然的，如此便失去了觀照外物的作用。對於般若聖心來說，就只有寂滅之體而沒有觀照的功用，又怎麼能說是寂照不二呢？

簡而言之，劉遺民的意思是說，如果說般若聖心是寂滅不動的，又怎麼能觀照萬物呢？

對於這個質疑，僧肇的回答是：

> 妙盡冥符，不可以定慧為名；靈泊獨感，不可稱群數以息。兩言雖殊，妙用常一；跡我而乖，在聖不殊也。

僧肇的意思是說，般若聖心不能用凡夫俗子的眼光來看，不能認為「靈泊獨感」就是聖心獨處，而與萬事萬物毫無關涉，不與外界發生聯繫；也不能將聖心的寂、照功能理解為定、慧之別。凡夫認為，「定」就是關閉心神感覺、不與外界發生聯繫，認為「慧」就是用心神去觀照萬物，探求萬事萬物的變化規律；其實，這是凡夫偏見。般若聖心作為本體是寂滅不動的，如鏡子一般，但又可以照見萬事萬物，兩者實在是一體的。

所以說，證得般若的聖人之心，空虛精微、極妙絕境，感無不應，會無不通，妙智默運，而其鑑照作用卻是自然而然的，怎麼能說群數之應可息滅呢？

僧肇進一步解釋：

萬物雖殊，然性本常一；不可而物，然非不物。

萬物因為性空，所以本性是相同的，既不可以把性空的假有當作為實有，又不可以將其視為斷滅空。因為假有並不是什麼都沒有，所以「聖人不物於物（不以物為實有），不非物於物（亦不否定物為假有）」。對於凡夫俗子來說，常人的心必須要通過對外界事物的接觸才能獲得知識；因為知識依賴於對外界的認識，所以不是本來就有的，也是有限的。般若聖心的知識卻不依賴於外物，所以是「無知」的；卻又能照見萬物而寂滅不動，所以是盡知（無不知）的。

簡言之，般若對於諸法來說，既無取也無捨，既無知也無不知，其超越於名相之外，所以不可說它是有，也不可說它是無。

劉遺民又對「般若無知」也提出了質疑。他說：

疑者，當以撫會應機，睹變之知，不可謂之不有矣。而論旨云：本無惑取之知，而未釋所以不取之理。謂宜先定聖心所以應會之道，為當唯照無相耶？為當咸睹其變耶？若睹其變，則異乎無相；若唯照無相，則無會可撫。既無會可撫，而有撫會之功。意有未悟，幸復誨之。

這段話是說，般若聖心能照鑑萬物，與萬物及其變化相互感應，般若之知就不能說是沒有。然而，〈般若無知論〉的意旨雖說般若沒有惑取之知，卻沒有說明其中的道理。這就應當先確認：般若聖心「所以應會之道」，是「唯照無相」還是「咸睹其變」呢？如果是咸睹其變，即普遍地照見萬事萬物的變化，般若就不可能是無相的；如果只是照見無相之物，對於有相的萬事萬物又怎麼能發生關聯呢？既然不能與萬事萬物發生關聯，般若就失去了觀照萬物的功能，又怎麼能說般若是無知、無不知呢？

對於劉遺民提出的質疑，僧肇也以「處中莫二」的中觀思想給予了解答。

僧肇對此問指出，「無相與變，其旨不一」為問題的核心，即對於「無相」與「變化」，不能理解兩者的同一性；由於劉遺民對於「無相」與「變化」、「有」與「無」都是同一的這個道理迷惑而未通，才會形成「睹變則異乎無相，照無相則失於撫會」的錯誤理解。假如按照劉遺民的說法，就會造成色、空分為二，就會把色（萬物的表相）和空（作為萬物本質的空性）割裂開來，背離了般若經教的教義。

對此，僧肇援引佛典說：「經（指《般若經》）云：色不異空，空不異色，色即是空，空即是色。」由此可見，般若觀照的境，乃是「色不異空，空不異色」，色空二者是統一的、不二的。只談空不談色，就會墮入虛空、頑空的極端；只談色不談空，就會墮入執著表象的極端。

般若聖心不落在這兩個極端中，既觀照萬物（色），又洞徹本性（空），兩者是同一的，並非相異。從這個道理來說，般若聖心的寂、照只是假名，是為了方便人們理解而提出的，並不是說寂、照是兩種完全不同的事物。如此便能說，般若無知，但無所不知。

總之，僧肇從認識論的角度闡述了般若空智的體用特性。般若空智是大乘佛教對於諸法實相的認識，與經驗世界中的認知活動不同。般若之能知與真諦之所知，只是為了言說方便而立的假名，本來是同一的；既是無名之法，也不可論說。說「萬法皆空」時，並非指萬法不存在，而是指萬法存在的不真實性，萬法也是因緣聚合的。般若之知，在虛寂中不失觀照，在觀照中而不失虛寂；所以，般若空智非一般語言文字所能表述，但離開語言又無法言明其理。

總而言之，佛教般若空觀的智慧，是以非有非無、有無雙遣的大乘中觀學之思維方式，來觀照萬法性空的真實本質。

僧肇答復劉遺民的書信，除義理詮釋外，還將這次譯經的緣由加以說明。僧肇說，由於秦王姚興信奉佛教，才得以使諸多佛教經典從西域傳來，諸多高僧方得以俱會一處，翻譯經典。此次鳩摩羅什大師帶回大乘方等佛經二百餘部，都是以前在中土沒有見過的經典；羅什在大石寺與大眾研討這些新入佛經，使得僧肇「日有異聞」，每天都能聽到以前沒有聽說過的無上妙音。

羅什又在瓦官寺教習禪道，有數百徒眾跟隨精進修行，僧肇也是其中一員，「邕邕肅肅，致自欣樂」。律藏也有經典在其中，還有《舍利弗阿毗曇論》的梵本，都是以往所未見的。僧肇自己感嘆說：「貧道一生，猥參嘉運，遇茲盛化，自恨不睹釋迦祇桓（祇園）之集，余復何恨。」就是認為，自己雖然沒有緣分參加釋迦牟尼佛在世時的各種集會講法，但是能夠參加羅什主持的譯經盛會，這一生也沒有遺憾了。

經由與劉遺民和慧遠的書信往來和交流，僧肇的佛教思想不僅對於以長安為中心的北方佛教界，對於以廬山為中心的南方佛教界也產生了重要影響。

同時期的譯經高僧

由於秦主姚興信奉佛教，迎請鳩摩羅什入京從事譯經之事，四方僧眾不遠千里而來；在最鼎盛的時候，京兆長安的僧尼有數萬人之多。當時，從外國來長安從事譯經的高僧，除鳩摩羅什外，還有僧伽跋澄、佛陀耶舍、曇摩耶舍、弗若多羅等，都是罽賓國（西域古國）人。

西元四一〇年，東晉安帝義熙六年、後秦弘始十二年，僧肇年二十七。佛陀耶舍於是年開始翻譯律藏《四分律》四十卷，於弘始十四年譯訖。在此期間，僧肇曾參與翻譯，並作《四分律序》。

西元四一三年，東晉安帝義熙九年、後秦弘始十五年，僧肇年三十。佛陀耶舍於是年譯出《長阿含經》，僧肇為之作〈長阿含經序〉一篇。

佛陀耶舍（Buddhayaśas），生卒年不詳，罽賓人，出身婆羅門種姓；至長安弘法，為著名譯經師。弘始十五年，他解散法座，秦主姚興贈他萬匹布絹，他絲毫不取。其後辭別長安至外國，行至罽賓，得到《虛空經》一卷，讓商旅轉送內地僧人，後來便不知所終。

釋迦牟尼佛滅後百年間，付法藏第五祖優婆椏多之下有五弟子，於戒律上各持異見，一大律藏便生五部之派別，即曇無德部（Dharmaguptaka）、薩婆多部（sarvāsti-vāda，說一切有部）、彌沙塞部（Mahīśāsaka，化地部）、迦葉遺部（Kāśyapīya，飲光部）、婆粗富羅部（Vātsīputrīya，犢子部）。

曇無德部，意譯作法藏部，所傳廣律為《四分律》六十卷，戒本為《四分僧戒本》一卷、《四分律比丘戒本》一卷、《四分比丘尼戒本》一卷。其中，三卷戒本為佛陀耶舍所譯，《四分律》則為佛陀耶舍及竺佛念共譯，兩人並合譯《長阿含經》。

竺佛念，生卒年不詳，涼州人，弱年出家，對於梵語尤其精通，因此參與諸多譯事，在苻堅、姚興兩代為譯人之宗，為關中僧眾所嘉許。竺佛念與佛陀耶舍、僧伽跋澄、曇摩難提等高僧共同翻譯佛經，計有《長阿含經》、《增一阿含經》、《中阿含經》、《四分律》、《菩薩瓔珞經》、《十住毗婆沙論》、《菩薩十住除垢斷結經》及《出曜經》、《佛說入胎經》、《中陰經》等。後來突染重疾，卒於長安，遠近僧眾莫不嘆惜。

《四分律》原為印度上座部佛教系統曇無德部（法藏部）所傳戒律，共六十卷；因分四部分，故名。漢傳佛教律宗據以立宗和宣教研習，也是漢傳佛教最具影響、流行最廣的佛教戒律，北魏之後為佛教律學講傳的主要內容。其中列比丘戒二百五十條、比丘尼戒三百四十八條，從身（行動）、口（言論）、意（思想）三方面，對出家僧、尼的修行及日常衣食坐臥及懲罰等規定詳細的戒條。歷代注釋主要有唐·法礪《四分律疏》、唐·道宣《四分律刪繁補闕行事鈔》、唐·懷素《四分律開宗記》、宋·圓照《四分律行事鈔資持記》等。

《長阿含經》（Dīrgha Āgama）是原始佛教基本經典，北傳佛教四部阿含之一；因所集各經篇幅較長，故名《長阿含經》。全經分四分四誦，二十二卷，共收三十部經。此經梵本屬法藏部，原本失傳。

《長阿含經》之四部分為：一是總結和解釋佛教的基本教理；二是敘述佛陀及其直傳弟子們的修道和傳教活動；三是敘述說佛陀本生與歷劫等故事，旨在弘揚佛教，勸誡人們皈依三寶；四是對外道學說的駁斥。

僧肇在〈長阿含經序〉中記載云：

以弘始十二年，歲在上章掩茂，請罽賓三藏沙門佛陀耶舍，出律藏《四分》四十卷，十四年訖。十五年歲在昭陽奮若，出《長阿含》訖。涼州沙門竺佛念為譯，秦國道士道含筆受。時集京夏名勝沙門於第校定。

從中可以看出，《四分律》及《長阿含經》是佛陀耶舍誦出，由竺佛念擔任翻譯，道含擔任筆受，最後由諸多沙門校定而成。

【註釋】

註一：何晏（?至西元二四九年），字平叔，南陽郡宛縣（今河南南陽）人。三國時期曹魏大臣、玄學家，東漢大將軍何進之孫。少年時以才秀知名，喜好老莊之學，娶曹操之女金鄉公主。大將軍曹爽秉政時，何晏與之共事，得以累官至侍中、吏部尚書，典選舉，封列侯。高平陵之變後，與大將軍曹爽同為太傅司馬懿所殺。何晏與夏侯玄（西元二〇九至二五四年）、王弼（西元二二六至二四九年）等暢說玄學，競事清談，遂開一時風氣，為魏晉玄學的創始者之一。何晏與王弼等祖述老、莊，立論以天地萬物皆以無為本：「無也者，開物成務，無往不存者也。」他認為「道」或「無」能夠創造一切，「無」是最根本的，「有」靠「無」才能存在，由此建立起「以無為本」、「貴無」而「賤有」的玄學體系。

還認為聖人無喜怒哀樂，聖人無累於物，也不復應物，因此主「聖人無情」說，即認為聖人可完全不受外物影響，而是以「無為」為體。在思想上重「自然」而輕「名教」。其主要著作有《道德論》、《無名論》、《無為論》、《論語集解》等，現在較完整存在的只有《論語集解》。

註二：隋代另有一位高僧慧遠（西元五二三至五九二年），祖籍敦煌，世居建興郡高都霍秀里（今山西晉城市境內），為地論宗重要代表人物。隋開皇三年（西元五八三年），隋文帝為其建立淨影寺，故又被後世稱為淨影慧遠，與天台智顗大師、嘉祥吉藏大師，並稱為隋代三大師，並與廬山慧遠（淨土宗祖師）並稱為「佛門二遠」。

第四章　羅什辭世　作〈涅槃論〉

時無可待，命無可延；惟身惟人，靡憑靡緣；馳懷罔極，情悲昊天。嗚呼哀哉！

後秦弘始十五年（西元四一三年）四月十三日，鳩摩羅什圓寂於草堂古剎（西安草堂寺）。大師圓寂前與眾僧道別時曾說：

凡所出經論三百餘卷，唯《十誦》一部未及刪煩了，存其本旨必無差失。願凡所宣譯，傳流後世，咸共弘通。今於眾前發誠實誓，若所傳無謬者，當使焚身之後，舌不燋爛。

鳩摩羅什圓寂，逍遙園荼毗後果然舌根不爛，是為大師開佛知見，傳持佛心法印之明證。大師圓寂時叮囑弟子，將火焚之後的舌舍利運往涼州鳩摩羅什寺（今甘肅武威）供奉，舌舍利而今尚在。

僧肇作〈鳩摩羅什法師誄並序〉

通常認為鳩摩羅什大師生於西元三四四年，去世於西元四一三年。（註一）由於鳩摩羅什的生卒年壽在一般的史書中都沒有記載，所以難以準確考證其生卒年份。

對於鳩摩羅什去世的時間，唯有梁代沙門慧皎（西元四九七至五五四年）所著《高僧傳》和僧肇〈鳩摩羅什法師誄並序〉中有記載。

《高僧傳．鳩摩羅什》記載：

以偽秦弘始十一年八月二十日卒於長安，是歲晉義熙五年也……然什死年月，諸記不同，或云弘始七年，或云八年，或云十一年，尋七與十一字或訛誤。而譯經錄傳中猶有一年者，恐雷同三家，無以正焉。

〈鳩摩羅什法師誄並序〉則記載：

癸丑之年，年七十，四月十三日薨於大寺。

慧皎認為，羅什卒於後秦弘始十一年，即西元四〇九年。僧肇所言「癸丑之年」，為弘始十五年，即西元四一三年。兩記不一樣。

後來，唐代高僧智升（生卒年不詳）於唐開元十八年（西元七三〇年），在長安西崇福寺東塔院撰《開元釋教錄》二十卷，詳錄後漢明帝永平十年（西元六七年）至開元十八年，凡六百六十四年間傳譯至我國之大小乘經律論三藏、賢聖集傳，及失譯缺本等。在《開元釋教錄》中，對於鳩摩羅什的生卒年份，智升採用了僧肇之說。後世學者多贊同其說，乃推定鳩摩羅什生卒年為西元三四四至四一三年，年壽七十。

鳩摩羅什去世之後百日，姚興皇帝為其舉行御葬。眾位僧人弟子懷著無比的沉痛，送別這位偉大的高僧。僧肇寫下了〈鳩摩羅什法師誄並序〉一文，追憶鳩摩羅什的偉大一生，緬懷羅什的高風亮節，表達了極為深刻的悲痛追思之意。

「誄」，又稱「誄贊」，是古代列敘死者生平事蹟並讚美其德行的文體，相當於現在的追悼詞。僧肇為羅什師作誄曰：

先覺登遐，靈風緬邈，通仙潛凝，應真沖漠。
叢叢九流，是非競作；悠悠盲子，神根沉溺。
時無指南，誰識冥度？大人遠覺，幽懷獨悟。
恬沖靜默，抱此玄素；應期乘運，翔翼天路。
既曰應運，宜當時望；受生乘利，形標奇相。
襁褓俊遠，髫齔逸量；思不再經，悟不待匠。
投足八道，遊神三向；玄根挺秀，宏音遠唱。
又以抗節，忽棄榮俗；從容道門，尊尚素樸。
有典斯尋，有妙斯錄；弘無自替，宗無擬族。

霜結如冰，神安如岳；外跡彌高，內朗彌足。
恢恢高韻，可模可因；愔愔沖懷，惟妙惟真。
靜以通玄，動以應人；言為世寶，默為時珍。
華風既立，二教亦賓；誰謂道消？玄化方新。
自公之覺，道無不弘；靈風遐扇，逸響高騰。
廓茲大方，然斯慧燈；道音始唱，俗綱以崩。
癡根彌拔，上善彌增；人之寓俗，其途無方。
統斯群有，紐茲頹綱；順以四恩，降以慧霜。
如彼維摩，跡參城坊；形雖圓應，神沖帝鄉。
來教雖妙，何足以臧！偉哉大人，振隆圓德。
標此名相，顯彼沖默；通以眾妙，約以玄則。
方隆般若，以應天北；如何運邅，幽里冥尅。

天路誰通？三途誰塞？
嗚呼哀哉！
至人無為，而無不為；擁網遐籠，長羅遠羈。
純恩下釣，客旅上摛；恂恂善誘，肅肅風馳。
道能易俗，化能移時；奈何昊天，摧此靈規！
至真既往，一道莫施；天人哀泣，悲慟靈祇。
嗚呼哀哉！
公之云亡，時唯百六；道匠韜斤，梵輪摧軸。
朝陽頹景，瓊岳顛覆；宇宙晝昏，時喪道目。
哀哀蒼生，誰撫誰育？普天悲慼，我增摧衄。
嗚呼哀哉！
昔吾一時，曾遊仁川；遵其餘波，纂承虛玄。

用之無窮，鑽之彌堅；躍日絕塵，思加數年。
微情未敘，已隨化遷；如可贖兮？貿之以千。
時無可待，命無可延；惟身惟人，靡憑靡緣。
馳懷罔極，情悲昊天。
嗚呼哀哉！

依《高僧傳》所載，鳩摩羅什十四歲時結束了西域遊學活動，回到龜茲後講經說法，「聲滿蔥左，譽宣河外」。《出三藏記集》亦記載，鳩摩羅什在龜茲弘傳佛法，「道震西域，聲被東國」。

〈鳩摩羅什法師誄並序〉相對完整地記述了鳩摩羅什的生平事蹟，成為後世研究鳩摩羅什的重要史料；此文是最早記載鳩摩羅什創建龜茲佛教文化史實的文獻資料，展現了鳩摩羅什在龜茲古國創造了佛教文化輝煌發展的史實。

序文開頭以議論起筆，點出鳩摩羅什是「曠世千載」而出的一位譯師大匠，營造出追悼恩師的傷逝之情。僧肇遵循一般的序文舊例，追憶鳩摩羅什在西域弘法時的清俊超邁姿態，具有「審釋道之陵遲，悼蒼生之窮藹」的卓世才華與博大胸襟。其敘述了鳩摩羅什在龜茲時「羊鹿之駕摧輪，六師之車覆轍」的佛法環境，用以襯托他在蔥嶺以東的西域諸國弘揚大乘佛法的重大意義。

「端坐嶺東」中，「端坐」二字表明，青年鳩摩羅什當時已在蔥嶺以東的西域諸國中建立了無人可以撼動的佛學領袖地位。「響馳八極」一句則說明，鳩摩羅什傳播大乘佛法的聲譽在西域地區極為隆盛，也說明他的影響力已經遍及西域社會生活的各個領域。

那個時期，龜茲王支持鳩摩羅什弘傳大乘佛教，極大地促進了佛教文化藝術的發展。可以說，「鳩摩羅什時代」是龜茲古國佛教文化「空前絕後」的繁榮時期，也是龜茲乃至西域大乘佛教開始傳播並輝煌發展的年代。

〈鳩摩羅什法師誄並序〉揭示了鳩摩羅什從西域到中原、從涼州到長安的弘法經歷中鮮為人知的過程，揭示了宗教背景下因大德高僧而發動戰爭的歷史淵藪。

關於前秦苻堅遣呂光攻打龜茲的戰事，《高僧傳》和《晉書》中記載了兩個原因——

一是，西域車師前部國王彌寘分別和龜茲王弟白震、鄯善王休密馱，先後兩次來到長安朝禮苻堅，請求苻堅出兵西域，以求平定內亂。

二是如《晉書．苻堅傳》所載：「梁熙遣使西域，稱揚堅之威德，並以增彩賜諸國王，於是朝獻者十有餘國。」在此所提及之向朝廷臣服並獻禮的十多個國家裡面，卻沒有龜茲國；所以，苻堅以「僭越」之罪而出兵攻打龜茲。

於是，建元十八年（西元三八二年）八月，苻堅遂遣驍騎將軍呂光率兵西伐龜茲。《晉書》記載，呂光出征前，苻堅對他說：

朕聞西國有鳩摩羅什，深解法相，善閑陰陽，為後學之宗，朕甚思之。賢哲者，國之大寶也；若克龜茲，即馳驛送什。

因為鳩摩羅什聲名遠播，所以苻堅希望能把羅什請回來。故而後世學者認為，呂光之攻打龜茲，是以羅致高僧鳩摩羅什為由而發動的戰爭。

不過，由於龜茲國拒絕苻堅迎請鳩摩羅什的要求，所以苻堅決定發兵征討。苻堅派呂光任都督西討諸軍事，率兵七萬西進，並任鄯善王休密馱為都督西域諸軍事、甯西將軍，車師前部王彌窴為平西將軍、西域都護，率其國兵為呂光嚮導。前秦建元二十年（西元三八四年），呂光打敗龜茲及諸國援軍，在龜茲城中尋訪到了鳩摩羅什，帶回漢地。

但是，苻堅在不久的淝水之戰中失敗，後來被部屬姚萇殺害，至死也未見到鳩摩羅什。

前秦滅亡後，呂光兵停涼州（姑臧），割據自保，建立了後涼國，鳩摩羅什也開始了寓居涼州弘法的傳奇生涯。

至於後秦攻打後涼的戰事，《高僧傳》載，姚興遣姚碩德發兵猛攻涼州，呂超出戰大敗。呂隆無奈，向後秦國呈遞了降表，姚興「方得迎什入關」。

在此之前，姚秦兩代君王皆向後涼提出要恭請鳩摩羅什至後秦弘法；但「諸呂以什智計多解，恐為姚謀，不許東入」，意即不希望鳩摩羅什為姚秦所用。所以，後世人們也將這次軍事行動推定為爭搶鳩摩羅什的一場宗教戰爭。但是，僅憑《高僧傳》中關聯不甚緊密的這些史料，推定出此類軍事行動是為爭搶鳩摩羅什而發動的宗教戰爭，總覺得有些牽強附會之感。

在〈鳩摩羅什法師誄並序〉中，則以客觀的評述證明了上述推定的正確性。序文第二部分開頭在敘述鳩摩羅什來到中原的緣由時指出：「恬愉弘訓而九流思順，故大秦苻姚二天王師旅以延之」，明確記述了苻堅遣呂光攻打龜茲和姚興發兵進攻涼州的軍事行動，皆為攬延鳩摩羅什而發起的戰爭。

在世界軍事史上，關於戰爭的起因多種多樣，但為了爭奪大德高僧而發動戰爭，似乎僅鳩摩羅什一例。為了鳩摩羅什中原王朝「苻姚二天王師旅以延之」，不惜兩次興兵出征，並因此造就一個王朝的興起和另一個王朝的覆滅，這在中國歷史乃至整個世界歷史上都是不多見的。所以，〈鳩摩羅什法師誄並序〉在研究鳩摩羅什生平事蹟的諸多史料中，有著比較獨特而重要的文獻意義。

〈鳩摩羅什法師誄並序〉準確記載了鳩摩羅什生卒年月的重要史實。《高僧傳》中對鳩摩羅什的生年及壽限未載，而對其卒年載之甚詳，謂「以偽秦弘始十一年八月二十日，卒於長安。是歲，晉義熙五年（西元四〇九年）也。」又補記「或云弘始七年（西元四〇五年），或云八年，或云十一年。」可見慧皎並不能準確地肯定鳩摩羅什去世的年代。

僧肇〈鳩摩羅什法師誄並序〉則詳載鳩摩羅什的卒年及壽限，謂「癸丑之年（西元四一三年），年七十，四月十三日薨於大寺」，由此可推算出羅什當生於前涼建興三十二年（西元三四四年）。

慧皎編撰《高僧傳》的時間為梁天監十八年（西元五一九年），其時，鳩摩羅什圓寂已逾百年，年代距離久遠，恐怕不一定知道鳩摩羅什的準確生卒年月。而僧肇乃鳩摩羅什弟子，《鳩摩羅什法師誄並序》撰寫於羅什歿世之際，所載卒年和壽限不應有誤。所以，關於鳩摩羅什生卒年代及壽限，〈鳩摩羅什法師誄並序〉中揭示的史實應該是真實可信的。

〈鳩摩羅什法師誄並序〉一文在文學上也具有極高造詣，對後世誄文影響很大。

誄文發展至晉代，在語言風格、行文結構和社會功能方面都開拓出了新的境界。到了東晉十六國時期，隨著佛教文化的傳播發展，誄文也被廣泛引用到人們對大德高僧的懷念中。

東晉義熙年間，出現了丘道護（生卒年不詳）的〈道士支曇諦誄〉（西元四一一年）和僧肇的〈鳩摩羅什法師誄並序〉（西元四一三年），可算是最早的釋僧誄文。

丘道護曾官至相國主簿，以東晉文人的身分為高僧支曇諦（西元三四七至四一一年）作誄；而僧肇則是第一位以高僧身分，將誄文這種俗世社會的文學體裁運用於悼念高僧者。《全晉文．釋氏》共收錄了三十四位大德高僧的文章，誄文則只有僧肇的〈鳩摩羅什法師誄並序〉。

〈鳩摩羅什法師誄並序〉開啟了佛僧誄文的先河，體現了一般文學史所稱道之魏晉時代的「文學自覺」精神；即寫作者從主觀願望出發自由選用文章體式，使文本展現寫作者個人情感的表達，從而讓讀者留下極為深刻的閱讀印象。

作為釋僧誄文的萌芽之作，〈鳩摩羅什法師誄並序〉在語言結構方面創建了與世俗誄文不同的風格特點；特別是在誄文序言和正文比例分配上，僧肇建立了釋僧誄文偏向於誄序的創作體例。據《全晉文》統計，兩晉誄文共有四十九篇，其中較完整者二十六篇，存序者僅兩篇，僧肇的〈鳩摩羅什法師誄並序〉為其中之一。〈鳩摩羅什法師誄並序〉全文一千零五十四字，誄序就達五百一十字。

僧肇注重誄序文字，既以序文記載了鳩摩羅什珍貴的生平事蹟，又幫助讀者較清楚地理解誄辭內容及內蘊的深刻涵義；因此，後人所寫的釋僧誄文，皆以注重誄序的創作為其主要風格特徵。如謝靈運的〈曇隆法師誄〉全文一千零七十六字，序文占據了五百一十六字；釋惠琳的〈龍光寺竺道生法師誄〉全文七百六十字，序文占三百五十二字。

〈鳩摩羅什法師誄並序〉建立了以感嘆短語「嗚呼哀哉」為轉折，來轉換和承載悲悼的層次或角度的文本模式。僧肇在誄文後部分表述對鳩摩羅什的哀思時，使用了三個「嗚呼哀哉」，以此巧妙地轉換哀思角度，透過三個角度追思了鳩摩羅什不同凡響的一生。

令人慨嘆不已的是，〈鳩摩羅什法師誄並序〉傳世之後，釋僧誄文的作者在文末表述哀思時無一例外或機緣巧合地都使用了三個「嗚呼哀哉」，似乎成為此類誄文的一種固定模式，如謝靈運的〈廬山慧遠法師誄〉、張暢的〈若耶山敬法師誄〉以及釋慧琳的〈武丘法綱法師誄〉等。

感嘆短語「嗚呼哀哉」在誄文內容中多次出現，強化了被誄者特殊的宗教身分，從而瀰漫著濃厚的佛教文化的藝術氣氛。後世作者在誄文中以感嘆短語「嗚呼哀哉」，承擔推進作者哀傷層次的藝術意義更加明顯。例如，釋慧琳所作的〈龍光寺竺道生法師誄〉等誄文中，感嘆短語「嗚呼哀哉」巧妙地將誄文的四言句式變換為騷體句式，較明白地體現了誄文的悲悼意緒和感懷心靈相兼相融的宗教文學風格。

關於〈涅槃無名論〉

鳩摩羅什大師去世之後，僧肇追悼永往，愈加哀思；有感於大師涅槃圓寂，乃著〈涅槃無名論〉，有九折十演共計十九章，共數千言之多。

〈涅槃無名論〉中所說的「無名」，就是不以玄言之名而名之；具體地說，就是超越「有無」等玄學概念的束縛，達到對真理的認知。僧肇在〈涅槃無名論·超境〉中認為：

有無之數，誠以法無不該，理無不統，然其所統俗諦而已。經云：「真諦何耶，涅槃道是；俗諦何耶？有無法是。」

也就是說，「有無」等玄學名詞（名相）只是俗諦——只是有關世俗經驗世界的知識；而涅槃的境界是超越世俗的，無法以各種名詞（名相）表述出來，所以涅槃謂之無名。此所謂「有無絕於內，稱謂淪於外。」

涅槃既無「有無」之名，亦無「有無」所包含的一切玄言意味，此所謂「本之有境，五陰永滅；推之無鄉，而幽靈不竭。」涅槃的境界是色、受、想、行、識五陰盡滅的境界，而玄幽本性靈靈不昧，最終達到圓滿的智慧之境。

僧肇的〈涅槃無名論〉，實際上亦是對當時流行的魏晉玄學以及佛教界流行的「六家七宗」之說加以辯駁。在僧肇看來，玄學的錯誤在於玄學家試圖以一種觀念（名詞、名相）來把握人自身、客體以及人與萬物之關係，僧肇以為這是根本錯誤的；「六家七宗」順著玄學思路，也試圖建立一種新的觀念（名詞、名相），這實際上也存在謬誤的。

相比之下，僧肇主張涅槃無名，體現了釋迦本意，意在破除一切執著，這比之玄學和六家七宗之說更為合理。自〈涅槃無名論〉之後，魏晉玄學及六家七宗之說逐漸沉寂下來。

〈涅槃無名論〉寫成之後，僧肇將其呈給秦王姚興，大意是說：因為秦王姚興的功德和支持，所以才得以國泰民安；姚興本人也信奉佛法，精通義理，所以才將這篇論呈給秦王。

僧肇謙虛地說：因為涅槃之道，是佛教聲聞乘、緣覺乘、菩薩乘三乘（註二）之所歸，是大乘經典奧義之歸宿，無上甚深微妙法，甚難理解，「幽致虛玄，非羣情之所測」。不過，由於得蒙國恩，得以拜在鳩摩羅什門下十餘年，聽聞了甚多經典，對於涅槃一義，也通過多年學習而有了一些自己的看法，不過似乎尚未通達，所以不敢自己妄下決斷。可惜的是，羅什離世，再沒有向師父請教的機會了，心中極為悲傷；又恰逢安成侯姚嵩來問無為的宗旨，「頗涉涅槃無名之義」，所以就作了這一篇〈涅槃無名論〉。

因為姚興與鳩摩羅什交好，佛法理解甚深，「而陛下聖德不孤，獨與什公神契」。僧肇所以將此論呈給秦王，「聊以擬議玄門，班諭學徒耳」，意即模仿佛門關於玄理的擬議方式，以讓後來修學佛法的人明白玄妙之理。

秦王姚興對僧肇的〈涅槃無名論〉非常讚賞，極為看重，馬上敕令繕寫，並傳閱給自己的子侄等輩。此論隨後流傳世間，產生甚深影響。

後秦弘始十六年，亦晉義熙十年（西元四一四年），鳩摩羅什辭世一年之後，僧肇卒於長安，春秋三十有一矣。

〈涅槃無名論〉的作者爭議

今天常見的《肇論》通行本有三個：一是唐・元康《肇論疏》三卷；一是宋・淨源《肇論中吳集解》；再一是元・文才《肇論新疏》。其中的編目依次是〈宗本義〉、〈物不遷論〉、〈不真空論〉、〈般若無知論〉、〈答劉遺民書〉、〈涅槃無名論〉等。上述篇目除〈宗本義〉外，均見於南朝宋明帝時人陸澄撰《法論・目錄》中。

〈涅槃無名論〉一篇被梁慧皎《高僧傳．僧肇傳》所節引，並記述了本記的寫作契機，同時也節引了〈奏秦王表〉文。至陳時小招提寺僧慧（惠）達《肇論疏》序裏提到了〈宗本義〉一文，亦在〈涅槃無名論〉前加上〈表上秦主姚興〉一文。

就《肇論》而言，〈物不遷論〉、〈不真空論〉和〈般若無知論〉歷來沒有爭議，〈答劉遺民書〉和〈奏秦王表〉也沒有爭議；〈宗本義〉歷來被認為是僧肇去世之後的《肇論》編撰者所作，亦無爭議；只有〈涅槃無名論〉有爭議。有少數學者認為，目前看到的〈涅槃無名論〉的內容或不是僧肇所作；或者說，此論或許經過後世學人的增刪，並非全是僧肇所作。

湯用彤在《漢魏兩晉南北朝佛教史》中認為：「如〈涅槃無名論〉為僧肇所作，則為持漸以駁頓之最早者。但此論文筆力與〈不真空論〉等不相似，且破有疑點，或非僧肇所作。」這就是說，如果〈涅槃無名論〉是僧肇所作，那麼僧肇就是以漸悟說反駁道生頓悟說的最早者，但這似乎與史載事實不符；再加上筆力不像〈不真空論〉等論文，由此懷疑〈涅槃無名論〉或許並非僧肇所作。

湯用彤並指出，〈涅槃無名論〉被最早懷疑為非僧肇所作，出自唐·道宣所編《大唐內典錄》，該書云：

〈涅槃無名論九折十演論〉，無名子今有其論，云是肇作；然詞力浮薄，寄名烏有。

道宣似乎認為〈涅槃無名論〉是「無名子」所作，且「詞力浮薄」，也不似僧肇的文風。

對於湯用彤的觀點，呂澂在《中國佛學源流略講》中則認為，〈涅槃無名論〉的體裁、文筆，都與前幾篇不大相同，現代學者對它產生了懷疑，以為非僧肇所作。除了湯用彤先生的說法之外，他的學生石峻寫文又加以補充論證。

之後，奧人李華德英譯《肇論》（發表於燕京哈佛研究所的刊物），也基本上贊同，但認為是後人對原著有所改動、增加，並非全屬偽託。

湯先生懷疑的根據，除了在內容上涉及後世發生的頓悟、漸悟問題外，還有文獻上的證明，如道宣的《大唐內典錄》中說「〈涅槃無名九折十演論〉……云是肇作；然詞力浮薄，寄名烏有。」

但是，《內典錄》原文「無名子」以下一段，是批評另外名為〈無名子〉的一論，與〈涅槃無名論〉無關，舊刻本（宋本）就一直把前後兩篇分列的。因而，此論是否僧肇所作，還可以研究。

劉建國在《中國哲學史史料學概要》中則明確指出，〈涅槃無名論〉既非他人所作，也不是僧肇所作後被人增刪，他認為就是僧肇本人的著作。其理由為：

第一，〈涅槃無名論〉早在梁．僧祐的《出三藏記集》中就有著錄。僧祐距僧肇時間較近，如不是僧肇的著作，他不會著錄；既或著錄了，也會被同時代的釋僧提出為偽。由僧祐的著錄和同時代人沒提出為偽，足可以證明是僧肇的著作。

第二，〈涅槃無名論〉中所涉及的頓悟說問題，並不是什麼後世的問題，與僧肇同時代的一師之徒的道生就主張頓悟說，僧肇之說涉及頓悟並不為怪。

第三，呂澂認為，《大唐內典錄》所載是指〈無名子〉一篇與〈涅槃無名論〉無關，其說甚是。《大唐內典錄》有關的一段應解讀為：

> 後秦京兆沙門釋僧肇撰論注經，如左：注《維摩經》，撰〈般若無知論〉、〈不真空論〉、〈物不遷論〉、〈涅槃無名九折十演論〉。〈無名子〉，今有其論，云是肇作；然詞力浮薄，寄名烏有。

顯然，這段記載不能證明〈涅槃無名論〉是偽作。

第四，即使體裁、文筆與其他幾篇不大相同，不能作為偽書的根據，也不能據此提出懷疑。因為，此論是呈給姚興看的，怎能與他平時的一般論文一樣呢？

經以上推論，〈涅槃無名論〉應是僧肇的著作無誤。

我認為，〈涅槃無名論〉為僧肇總結自己的思想所作，可以說是他的代表作；但是，此文在廣泛流傳的過程中，有些內容的確是後來添加的。這些內容，除了湯用彤提及其引用了後出之《涅槃經》經文批判竺道生頓悟說以外，還可以找到一些內容。

例如，論中還引用了後出之《華嚴經》的內容。在〈涅槃無名論．位體第三〉有一句：「經曰：菩薩入無盡三昧，盡見過去滅度諸佛。」《肇論疏》注：「此經未詳。」《肇論中吳集解》注：「晉譯《華嚴》，安位長者普見去來今佛涅槃者，明無盡佛性三昧。」《略注》注：「經乃晉《華嚴經》，即安位長者成就法門名不滅度，所得三昧名無盡佛性。」對此句出自晉譯《華嚴經》，多數注疏本都是肯定的，並且沒有一個注疏本認為是出自僧肇以前譯出的其他經。這些內容，則有可能是〈涅槃無名論〉在廣泛流傳過程中被後人所添加的。

佛陀跋陀羅於晉義熙十四年（西元四一八年），和慧義、慧嚴等百餘人，傳譯法領在于田（于闐）獲得的《華嚴經》梵本，經過兩年，譯成五十卷（後世作六十卷）。此時，僧肇已經去世了。

綜合上述諸說，〈涅槃無名論〉確實是僧肇所作。只是在後世流傳的過程中，或許是諸大德高僧在閱讀此論的過程中，引經據典地添加了自己的心得體會，從而使得文筆似與僧肇前論不大相同，所引用經典似乎也並非僧肇同時代所譯。因而導致後世學者對真實作者產生懷疑。

【註釋】

註一：如二〇一三年在新疆庫車縣召開的「紀念鳩摩羅什圓寂一六〇〇周年研

討會」，就是以四一三年為大師的圓寂之日。

註二：佛教所說的「三乘」即三種交通工具，比喻運載眾生渡越生死到涅槃彼岸的三種法門。就眾生根機之鈍（遲鈍）、中（中等）、利（猛利）的區別，佛應之而說聲聞乘、緣覺乘、菩薩乘等三種教法。

聲聞乘，指聽到釋迦牟尼佛親聲傳教而得以悟道，故稱聲聞；其特徵是明白四諦（苦、集、滅、道）的佛法正理，以四諦為乘。苦為生老病死，集為感召苦的因，滅為滅惑業而離生死之苦，道為完全解脫、實現涅槃境界的正道。

緣覺乘，又作辟支佛乘、獨覺乘，因為觀照十二因緣而明白真理，故稱緣覺。先觀無明乃至老死，次觀無明滅乃至老死滅，由此因緣生滅，即悟非生非滅，乃以此十二因緣為乘。

菩薩乘，又作大乘、佛乘、如來乘。其求無上菩提，願度一切眾生，修六度萬行，以此六度為乘。

第五章　生如流星　著若昊日

此土述作，唯肇公及南嶽、天台二師，醇乎其醇，真不愧馬鳴、龍樹、無著、天親，故特入大乘宗論。其餘諸師或未免大醇小疵，僅入雜藏中。

僧肇於西元四一四年去世，只活了短短的三十一載春秋。其一生猶如天上的流星一樣短暫，但其著述影響深遠；時至如今，仍舊如天上的太陽一樣照耀十方。

關於僧肇去世原因的爭議

據《傳燈錄・卷二十七》（註一）記載：

肇法師遭秦主難，臨就刑說偈曰：

四大元無主，五陰本來空；將頭臨白刃，猶似斬春風。

依此段所載，僧肇被秦王姚興責難入罪，在就刑前說了一首偈子：「四大元無主，五陰本來空；將頭臨白刃，猶似斬春風。」

這首偈子表達了空觀思想，說明身體及世間虛幻不實，就算被利刃殺頭，也不過有如斬過無形的春風而已。不過，後世學界多以為此說不足據，湯用彤先生曾評論說：「按唐以前似無此說，偈語亦甚鄙俚，必不確也。」《傳燈錄．卷二十七》還記載：「肇被殺時，乞七日假，造《寶藏論》。」這是說，僧肇在被殺之時，請求秦王寬限七日，以便將《寶藏論》寫完。但是，宋代曉月在〈肇論序〉裡說：「作《寶藏論》，進上秦王，秦王答旨殷勤。」也就是說，就曉月所知，至少僧肇作《寶藏論》時並未被秦王所殺，且秦王對《寶藏論》非常讚賞。

《寶藏論》是否為僧肇所作，已很難考證，現託名僧肇收在《大正藏》第四十五卷。因為僧肇聲名遠播，後世多有論注託名；例如，《金剛經注》是否為僧肇所作，亦很難考證。中國古代，託名文獻是一種常見的現象，如儒家六經就託名孔子刪定，道教的一些經典亦託名老子、元始天尊所作等。

僧肇臨刑，特別是臨刑說偈的故事，則遭到了諸多研究者的否定。如明代曾鳳儀（西元一五五六年至？）《楞嚴經宗通．卷六》便依據《十六國春秋》（註二）指出：「肇法師以晉義熙十年卒於長安，吉祥滅度，無臨刑事。」即明確認為根本沒有僧肇被殺一事。

清雍正皇帝（西元一六七八至一七三五年）《御選語錄．卷一》亦云：

此偈非肇所作也。肇為鳩摩羅什高弟，秦王姚興命入逍遙園，助什詳定經論，尊禮有加。《十六國春秋．僧肇傳》云：以姚秦弘始十六年卒於長安，時晉義熙十年也。況典刑之人，豈有給假著論之理？則肇法師之以吉祥滅度，信矣。事既子虛，偈非師作，蓋訛傳焉。

雍正也認為，姚興尊崇鳩摩羅什，而僧肇為羅什高足弟子，怎麼可能殺害呢？而且既然要殺，又怎麼會給七天假去寫《寶藏論》？所以，僧肇被殺事及所作偈子都是虛假不實的傳言。

既然僧肇被殺之事並不存在，這種訛傳又是怎麼發生的呢？後世有學人認為，或許是雜糅了禪宗二十四祖師子比丘的故事。

關於師子比丘之事，北魏吉迦夜、曇曜譯《付法藏因緣傳．卷六》有云：

復有比丘名曰師子，於罽賓國大作佛事。時彼國王名彌羅掘，邪見熾盛，心無敬信，於罽賓國毀壞塔寺，殺害眾僧，即以利劍用斬師子，頂中無血，唯乳流出。相付法人，於是便絕。

對於此事，宗密（西元七八〇至八四一年）《圓覺經大疏釋義鈔．卷三》記載得更為詳細：

師子受付囑，後遊行教化。至罽賓國廣度眾生，化緣將畢，遂令弟子舍那婆斯付法云云。時遇罽賓國王名彌羅掘，邪見熾盛，毀塔壞寺，殺害僧眾。尊者告眾曰：「王有惡念，諸人可散。」後王問師子：「師所得法，豈非一切空乎？」答曰如是。王曰：「夫證法空，於一切都無所惜，可施我頭。」師子曰：「身非我有，何況於頭？」言訖，王即斬師子首。斷已無回，香乳流地。

唐代朱陵沙門智炬（或作慧炬）撰成於貞元十七年（西元八〇一年）的《寶林傳．卷五》則記載：

王即舉利劍斷師子首，斷已無血，白乳湧出，舉高一丈。其王右臂，忽然自落。……爾時北天王，後至七日，當爾命終。

師子比丘的故事大意是：師子比丘在罽賓國傳播佛法，為不信佛法的彌羅掘國王所殺。國王問：「你所說佛法，不是一切空嗎？如果是這樣，不如把你的頭施捨給我吧！」師子回答說：「身體都是虛幻，並非我實有，何況我的頭呢？」於是，國王斬師子頭，斬斷後並無鮮血流出，湧出的是白乳。國王的右臂也突然斷落，七日之後而死。

元代臨濟宗大慧派禪僧智及（西元一三一一至一三七八年）在《愚庵智及禪師語錄．卷七．頌古》「罽賓國王斬師子尊者」則說：

利劍斬春風，虛空展笑容；
未明三八九，宿對一重重。

這似乎更加明確地指出，「利劍斬春風」是師子比丘被殺時所說的偈語。禪宗文獻之所以把師子比丘傳記中的一些敘事要素移植到僧肇身上，是因為二人有一個根本的相同點，就是對「空」的深刻把握。而且，史書中對於僧肇的去世原因並無記載，僧肇去世之時才三十出頭，不免引人猜測。於是，隨著年代的逝去，以訛傳訛，終成現在的故事。

僧肇被殺實屬訛傳，但偈語似乎並不一定是偽纂。明朝永樂帝朱棣（西元一三六〇至一四二四年）《金剛般若波羅蜜經集注》中引有僧肇的《金剛經注》，在經文「歌利王」下，有「肇法師曰：五蘊身非有，四大本來空；將頭臨白刃，一似斬春風。」此處經典以「佛為歌利王割截身體」（佛陀修行，為了度化眾生，不惜捨棄自己的身體）為喻，以說明佛教的「無我」、「能忍」的道理。

因此，僧肇是有可能說出此偈的。後人可能並沒有看到僧肇的《金剛經注》，卻知道這一偈語，又聯繫到僧肇早死，遂想當然地臆度出僧肇被殺之事。僧肇〈臨刑偈〉除了常被教內人士徵引外，也對教外詩人產生了一定的影響。如南宋豪放派詞人劉克莊（西元一一八七至一二六九年）〈辛卯春日〉云：「匹如飲甘露，又似斬春風。」宋元隱逸學者方一夔（西元一二五三至一三一四年）〈張麗華〉云：「玉樹歌殘月上弓，誰將白刃斬春風。」這裡的「斬春風」，都可以理解為喻空的典故。

後世不少禪師也喜歡引用〈臨刑偈〉，其目的主要有三：

一是釋空（解釋緣起性空的道理）。有的重在說明業障之空，如南宋釋彥琪注《證道歌注》說肇師之偈「即業障本來空也」。有的旨在表明塵性空，進而提醒學人要悟入如來藏。例如，明代憨山德清（西元一五四六至一六二三年）《楞嚴經通議．卷五》即云：

古人「將頭臨白刃，猶似斬春風」者，以悟塵性空，故塵銷智圓則本如來藏矣。

有的是為了解釋色空。德清《憨山老人夢遊集．卷十一》云：「且如『將頭臨白刃，一似斬春風』，豈色陰能礙也。」諸如此類，不一而足。

二是宣導「生死如一」的人生觀（以說明生死不二，佛性永存）。如明代一松《楞嚴經祕錄．卷五》曰：

肇公所謂「將頭臨白刃，一似斬春風」，故云乃至等也。如是之觀，則一切大地自為平矣。

明代通容（西元一五九三至一六六一年）《費隱禪師語錄．卷六》則云：

肇法師了得身心一如，心外無餘，所以觀生死如泡影，臨國難若遊戲，真得無生解脫之旨。

三是宣導國難之際，應有勇於獻身的精神。即提倡在面臨是非大義的時候，要有從容面對死亡的大無畏精神。

綜上所述，《傳燈錄》記載僧肇被殺是沒有根據的；從歷史記載來看，除開《傳燈錄》之外，沒有任何其他典籍記載了同樣的事情，說明了《傳燈錄》所記載缺乏佐證。

從邏輯推理來看，秦王姚興極為信奉佛法，在位之時，翻譯佛經、建造佛寺等，功德極大，而且對鳩摩羅什及其弟子非常看重。像這樣一個信佛的皇帝，怎麼可能在鳩摩羅什剛剛去世之後，立刻就殺掉羅什最器重的弟子呢？

而且，僧肇對姚興也曾大加讚賞。《肇論．表上秦主姚興》記載：

伏惟陛下，睿哲欽明，道與神會，妙契環中。理無不統，游刃萬機；弘道終日，威被蒼生，垂文作則。所以域中有四大，而王居一焉。

顯然，無論是從姚興本人，還是從僧肇自身來說，都不可能存在姚興殺僧肇的任何理由。

由此，我們推斷僧肇去世的原因，可能是僧肇身體有恙。僧肇自己在〈答劉遺民書〉中也有「貧道勞疾多不佳耳」這樣的話，可見僧肇的身體確實一直不好。再加上鳩摩羅什的辭世而過度悲傷，由此導致僧肇的英年早逝。

蓮池大師的讚譽

僧肇在鳩摩羅什門下十餘年，被稱為什門「四聖」或「十哲」之一，被譽為「法中龍象」，又稱為「解空第一」。後世的三論宗人很推尊僧肇，常把他和鳩摩羅什並稱，有「什肇山門」之語，以他的學說為三論宗的正系。其餘如禪宗、天台、華嚴等宗，也頗受僧肇思想的影響。

僧肇對於後世的巨大影響，從明末四大高僧對僧肇的高度評價就可見一斑。

雲棲袾宏（西元一五三五至一六一五年），別號蓮池。因為僧肇的文風，以及對老莊玄學在名相上的借鑑，所以一些後世學者對僧肇思想的理解有所偏頗；為此，蓮池大師專門為僧肇作了辯護。

蓮池大師為僧肇〈物不遷論〉作辯護的文稿，主要有《竹窗隨筆》中的〈物不遷論駁〉，以及《竹窗三筆》中的〈肇論〉二篇。

在〈物不遷論駁〉中，蓮池大師首先列舉了有爭議之所在，即有人認為萬事萬物不變有悖於常識，應當說萬事萬物的本性（空性）不變，而不是說萬事萬物的位置不變。對於這種爭議，蓮池大師說：

為駁者，固非全無理據而妄談；駁其駁者，亦非故抑今而揚古，蓋各有所見也。我今平心而折衷之。

反對僧肇說法的人，並非沒有論證上的文字根據；維護僧肇的一方，也不是刻意要貴古賤今。所以，大師想「折衷」二者，以顯示肇公（僧肇）的本意。

蓮池大師認為，〈物不遷論〉的寫作，乃有感於常人執著於現象事物的流動變遷，就著常人的思維模式來展開論述：

蓋作論本意，因世人以昔物不至今，則昔長往，名為物遷，故即其言而反之。若曰：爾之所謂遷者，正我所謂不遷也。此名就路還家，以賊攻賊，位不轉而異南成北，質不改而變疵成金，巧心妙手，無礙之辯也。故此論非正論物不遷也，因昔物、今物二句而作耳。若無因自作，必通篇以性空立論，如三論矣。

換言之，由於僧肇撰寫這篇論文的動機，是因應世俗的錯誤見解有感而發，所以不直接談論性空的本旨，而是透過迂迴的論證過程，借用世人的常識觀點作反向的思考，從而得出「物不遷」的結論，藉以說服及引導他們。

換言之，針對當時學界的錯誤觀點，僧肇是就其錯誤而剖析，然後再引出般若性空的思想，即「就路還家，以賊攻賊」。畢竟，當時的時代背景是魏晉玄學興盛之時，當時佛教界很多人也深受魏晉玄學之影響。

既然知道了僧肇寫作的目的，讀者就不應當受到文字的牽絆，應該從更深層的角度來思考〈物不遷論〉的旨趣。所以，蓮池大師認為，要掌握這一篇論作的本旨，必須配合〈不真空論〉、〈般若無知論〉、〈涅槃無名論〉及〈宗本義〉諸篇，他這樣說：

子不讀〈真空〉、〈般若〉、〈涅槃〉三論，及始之〈宗本義〉乎？使無此，則今之駁，吾意肇公且口掛壁上，無言可對，無理可伸矣。今三論發明性空之旨罔不曲盡，而宗本中又明言緣會之與性空一也，豈不曉所謂性空者耶？

如果斷章取義，不聯繫僧肇所寫其他論文，也不讀開篇的〈宗本義〉，根本不理解般若性空的主旨，當然就無法理解僧肇的本義了。

在蓮池大師看來，僧肇對緣起性空之旨有深透的領悟，只有通過僧肇的整體思想來理解〈物不遷論〉，才算是真正讀懂這篇論文，才能真正讀懂僧肇的苦心旨趣；如果只是拘泥於字詞文句的考據，那麼就是言不盡意了。蓮池大師說：

然昔以緣合不無，今以緣散不有，緣會性空既其不二，又何煩費辭以辨肇公之失哉？……若知有今日，更於論尾增一二語結明此意，則駁何繇生？籲！肇公當必首肯，而不知為駁者之信否哉？

蓮池大師相信，僧肇的論說目的就是要呈顯「緣起性空」之旨，只是在〈物不遷論〉文中沒有直接表述出來。在有了這樣的認識以後，明者自明，根本用不著浪費筆墨去證明僧肇的文字措辭上的表達缺失了。換言之，〈物不遷論〉的觀點並沒有偏離緣起性空的根本義理，問題不過是文字的表達不夠直接與充分而已。

蓮池大師另外一篇關於〈肇論〉的短論，意旨和上一篇是互相貫通的。文中指出，後人（以「空印」為代表）之所以誤解〈物不遷論〉，有「不察來意」和「太執常法」兩個原因：

空印駁肇公〈物不遷論〉，予昔為之解，今復思之：空印胡由而為此駁？其由有二：一者不察來意，二者太執常法。

此處的「空印」，指的是明朝華嚴宗鎮澄法師，字空印（西元一五四七至一六一七年）。習學性、相及華嚴義理十餘載，著有《金剛經正眼》、《般若照真論》等。

所謂「不察來意」，意思是指，不明白僧肇寫這篇的對象和目的。僧肇寫這篇論的對象並非精通佛法義理的高僧大德，而是對大乘佛法一無所知、深受魏晉玄學影響的一般人，其目的是為了引導這些完全沒有般若性空思想的一般人趨向佛法；正是因為如此，所以僧肇在字詞運用上多採用俗言，以達到潛移默化的目的。如果不瞭解僧肇寫作的對象和目的，而脫離背景斷章取義式的理解，當然就會曲解僧肇的本意；也就是說，曲解原意是因為不瞭解此論本是「對俗而作」：

> 不察來意者，若人問物何故不遷，則應答云：以性空故。今彼以昔物不至今為物遷，而漫然折以性空；性空雖是聖語，然施於此，則儱統之談，非對機破的之論也。

由於般若性空的義理甚深，常人很難理解；如果對方根本不具備理解的條件，並且對方也根本不了知「物不遷」的根本原因，這時如果貿然為人開示性空的教義，就不是「對機之談」，根本沒有辦法引導他人獲得正確知見。所以，必須「就路還家」，先採取對方的錯誤觀點來顯示其中的內在矛盾，隨後才給予進一步的引導；只有這樣，才能讓對方既能明白自身的謬誤之所在，還能夠順勢去理解佛法真諦。

所謂「太執常法」是說，過度執取某個教義以為佛教的根本正理，毫無變通，也不知道觀機逗教（視不同根器的人給予不同的教法），只是僵化地、教條式地視任何與此「正理」有所相違的皆為謬誤。蓮池大師說：

太執常法者，僧問大珠：「如何是大涅槃？」珠云：「不造生死業。」此常法也。又問：「如何是生死業？」珠云：「求大涅槃是生死業。」在常法，必答以隨妄而行是生死業矣，今乃即以求大涅槃為生死業，與肇公即以物不至今為不遷義正同也。故無以駁為也。

蓮池大師舉例，有僧人問唐代大禪師大珠慧海和尚：「什麼是大涅槃？」大珠和尚回答：「不造生死業。」這是常法。又問：「什麼是生死業？」大珠和尚道：「求大涅槃是生死業。」兩者看起來似乎自相矛盾，這恰恰是不執常法。這在常法必答以「隨妄而行，是生死業。」今大珠和尚以「求大涅槃為生死業」作為答覆，這與肇公以「物不至今為不遷」的用意正好相同，所以沒有必要加以反駁。

可見，僧肇是順著世俗事物遷變的觀念來指點物不遷的道理，非直接開示緣起性空的「常法」。如果一定要執意以所認定的絕對「正理」來檢驗他的論證內容，反而因過度執取常法而忽略原本的撰述旨趣，否定論作中方便引導眾生的一面。

佛法自有絕對真理，但度眾卻必須善巧方便。《法華經》中透顯出「會三歸一」的智慧，佛陀分別為聲聞乘、辟支佛乘、菩薩乘開示淺深不同的佛理，最後這三乘全都可會歸於「一佛乘」。可加以會通的理由，在於適應三乘的教法只有淺深的差別，而非計較內容的正確或謬誤。

不了義的教說本可暢通於了義的教說，但是如果過分執著於某種絕對「正理」，限定不了義的教說可再深化的開放性，理解的分歧就會產生。針對於眾生八萬四千種性，佛法也很難普度眾生了。

僧肇的〈物不遷論〉也是這樣，借常人的觀念來表達物不遷的道理，文字上或許因而有不了義之處，但緣起性空的主旨卻是沒有錯誤的。蓮池大師認為，只有這樣理解，才不會產生「執文害義」的錯誤。

紫柏尊者的讚譽

紫柏真可（西元一五四三至一六〇三年）和絕大多數漢傳佛教祖師一樣，給予《肇論》非常高的評價。他在〈書肇論後〉中說：

夫心本無住，有著者情；情本無根，離心無地。故會心者情了，全性者心空。

心空則大用自在，如春在萬物，風在千林，其吼喚鮮明變化之態，烏可以情智彷佛者哉？肇祖五論之制，〈宗本〉、〈不遷〉等作，何異春生萬物，風嘯千林矣乎？

心空是徹底放下執著，完全開放自在的空靈境界，蘊藏著無限妙用，如同「春在萬物，風在千林」一般。春天和林風無形、無聲、無味，卻遍覆大地。這是智者心證的境界，無法用情智推斷。

紫柏尊者認為，《肇論》是一部卓越的著作，內中的義蘊，正是闡述般若智慧所觀照的心空，以及心空自然生發的妙用。

紫柏尊者從禪宗立場來看待當時關於〈物不遷論〉的爭辯。在〈物不遷論跋〉中說：

予聞入無生者，方知剎那。……即此以觀心轉不轉、生相滅相，皆不越一剎那耳。而物非物、遷不遷，又豈能越之哉？予以是知駁不遷、辯不遷者，剎那未知，無生尚遙，而駁駁辯辯，得非棒打水月乎？則予亦不免多口之咎。

所謂「剎那」，如《大智度論．卷十五》云：

彈指頃有六十時，一一時中心有心滅，相續生故。……行者觀心生滅，如流水燈焰，此名入空智門。

在一彈指那樣短暫的時間內，就包含有六十個剎那，每個剎那之中已發生無數次心念的生滅；可見，生滅遷流是極為隱微的現象。唯有進入甚深禪定或了悟無生法忍的境界，才能直接觀照現象事物的剎那生滅。

紫柏尊者認為當時反駁〈物不遷論〉的人，甚至包括一些替僧肇辯護的人，都缺乏照見剎那生滅的實證經驗，論辯的理由不過是心念的一般推理活動。想要真正了知物的遷或不遷，必須訴諸般若聖智的直觀；因為，剎那中的生滅是深悟無生者的現量境界。

紫柏尊者的見解，帶著極為濃厚的禪宗實證之嚴謹性。他批判時人運用語言文字傳述聖人境界的能力，強調親身證悟的重要性。凡人的認識能力有限，唯有聖者才能突破身心藩籬的阻隔，達到明心見性、大徹大悟的境界。聖者透過語言文字來（隱晦地）表達（或象徵、比喻）覺悟的境界，那些未有實踐體證的人據以談論他人的悟境，只不過是一種揣摩想像而已。

在紫柏尊者看來，僧肇的〈物不遷論〉正是這樣一部體現了聖者智慧的大作，對其理解也需要同樣的般若智慧；如果缺乏這種智慧，只是憑思維去推測字詞語言的含義，自然無法理解僧肇此論的原意。

憨山大師的讚譽

憨山德清（西元一五四六至一六二三年）對《肇論》也極為讚賞；有關〈物不遷論〉的爭議，大師也作了自己的理解。

憨山大師有關〈物不遷論〉的撰述有二：一為牢山時期寫給鎮澄的書信〈與五台月川師〉；一為晚年所作的《肇論略注》。在書信中，憨山大師反駁了空印鎮澄批判〈物不遷論〉的意見，並特別澄清了華嚴四祖澄觀（西元七三八至八三九年）是否以此論為「濫同小乘」的問題。信中云：

然清涼疏中自有二意，且云：顯文似同小乘云云，其實意在大乘，生即不生，滅即不滅，遷即不遷。原清涼意，正恐後人見此論文，便墮小乘遷流之見，故特揭此，表而出之，欲令人人深識論旨，玄悟不遷之妙耳。

憨山大師的意思是說，澄觀認為〈物不遷論〉有兩層涵義：雖然文字的表面意義可能和小乘教義有雷同之處，深層內涵卻契合大乘緣生無性的義理；澄觀大師正是恐怕後人將此論視為小乘，所以才專門指出此論背後的大乘意蘊。然而，後學者卻往往忽略了這一點，犯了澄觀大師所擔心的錯誤理解。

憨山大師在《肇論略注》中曾這樣說：

予少讀此論，竊以前四不遷義懷疑有年。因同妙師結冬蒲阪，重刻此論，校讀至此，恍然有悟，欣躍無極。因起坐禮佛，則身無起倒。揭簾出視，忽風吹庭樹，落葉飛空，則見葉葉不動，信乎旋嵐偃岳而常靜也；及登廁去溺，則不見流相。歎曰：誠哉！江河競注而不流也。於是回觀昔日《法華》世間相常住之旨，泮然冰釋矣。是知論旨幽微，非真參實見，而欲以知見擬之，皆不免懷疑漠漠。

曾經讓憨山大師苦思不解的文句，就是〈物不遷論〉中的「旋嵐偃岳而常靜，江河競注而不流，野馬飄鼓而不動，日月歷天而不周」。其意為：表面上看起來，江河日月、山風河流都是流動不居，實際上卻是靜止不動的。

憨山大師對此非常不解。直到有一天，「恍然有悟」，於是起身拜佛，而身無拜倒之相，又揭開門簾出去，只見風吹落葉，漫天飛舞，但「葉葉不動」，才真正理解了「旋嵐偃岳而常靜」的真意。亦由此才知道，對於高僧所作經論，如果沒有切入實相的般若正見，只是憑藉常理推斷，那就不免「懷疑漠漠」，無法理解經論的真意。

對於「旋嵐偃岳而常靜，江河競注而不流，野馬飄鼓而不動，日月歷天而不周」的解釋，唐代元康（生卒年不詳）是順著「物各住於一世」的觀念來疏解的：

前風非後風，故偃岳而常靜；前水非後水，故競注而不流；前氣非後氣，故飄鼓而不動；前日非後日，故歷天而不周。

注解可謂忠實於〈物不遷論〉的文字，但讀來總覺得文意不夠透徹。憨山大師則深掘文字的指涉，直指諸法實相：

此引迅速四事，以證即物不遷。……故論命題，乃以物物當體不遷，非相遷而性不遷也。此不遷之旨，正顯諸法實相，非妙悟之士誠不易見。

在憨山大師看來，物遷是因緣和合的一面，不遷是從諸法實相的真諦視點來照察；不落空假，真俗不二，才符合中道實相觀。

憨山大師這種即俗顯真、凸顯諸法實相的解釋立場，貫穿在他注解〈物不遷論〉的全文之中。《肇論略注．物不遷論第一》云：

此論俗諦即真，為所觀之境也。物者，指所觀之萬法；不遷，指諸法當體之實相。……論主宗《維摩》、《法華》，深悟實相，以不遷當俗，即俗而真，不遷之旨，昭然心目。

憨山大師認為，僧肇精通大乘經典，深悟實相，作〈物不遷論〉以引導人們從物遷的表現（俗諦）趨向性空之本體（真諦），為缺乏佛理基本知識的凡俗之人解說不遷之理，透過字詞語句上的曲折推理，讓他們了知「即俗而真」的深義。

憨山大師同紫柏尊者一樣，也強調透過自身修行來體證實相來體貼聖人的言教，只憑藉語言文字上的理解來推敲聖人言說的本旨，無法達到正確的理解。僧肇自言：「復尋聖言，隱微難測；若動而靜，似去而留；可以神會，難以事求。」憨山大師疏釋此段說：

反覆推尋聖人之言，雖說無常而意在密顯真常，所以隱微難測。聖人言雖動而意在顯靜，言似去而意實常住，所以靜躁之極未易言；但可以神會，難以事相求之耳。

只有首先演說凡夫俗子都可以理解的無常之物（遷流之物），才能夠曲折、隱蔽地將真常顯現出來。語言文字是世俗經驗世界的溝通工具，表意能力有其局限性，特別是難以傳述修證的體悟境界；因此，聖人的言論常蘊有言外之意。聽聞者或讀誦者須懂得探求深層的旨趣，不拘執於表層字義，這樣才能追求與聖人所言之諸法實相契合。

仔細品味憨山大師詮解〈物不遷論〉的文字，可以發現，他正是這種「離言得體」態度的實踐者，如他自己所說的：「要人目前當下直達不遷之旨，了無去來之相，求之言外，則妙旨昭然。」所以，〈物不遷論〉經過他的疏解，意旨和另外三論貫通無間，並無絲毫可以懷疑、辯駁之處。

蕅益大師的讚譽

明末蕅益智旭（西元一五九九至一六五五年）於所撰《閱藏知津》的「凡例」中說：

> 此土述作，唯肇公及南嶽、天台二師，醇乎其醇，真不愧馬鳴、龍樹、無著、天親，故特入大乘宗論。其餘諸師或未免大醇小疵，僅入雜藏中。

蕅益大師將僧肇與天台的慧思（西元五一五至五七七年）、智顗（西元五三八至五九七年）二位大師並列，視他們的著作為中土撰述中最為精醇者，媲美古印度佛教祖師馬鳴、龍樹、無著和天親（世親），因此特別將之列入「大乘宗論」中，可謂推崇至極。

僧肇曾師事譯經大家鳩摩羅什，所撰《肇論》是中國佛教思想家消化了印度中觀學說後的經典之作，是漢傳佛教發展中的重要成果。此論膾炙人口，歷代為其作注者達二十餘家之多，足見對中國佛教的深遠影響。湯用彤稱頌這部典籍說：

> 所作〈物不遷〉、〈不真空〉及〈般若無知〉三論，融會中印之義理。於體用問題，有深切之證知，而以極優美、極有力之文字表達其義，故為中華哲學文字最有價值之著作也。

義理精深、文字優美，這便是魏晉以來佛教知識分子對《肇論》的高度評價。

綜上所述，僧肇的學說影響深遠，時至明清，仍舊有甚多學人加以研究，對於其中存在的或有疑義之處尚有多方爭論。總體而言，佛教界對僧肇思想的評述是極高的。正如蕅益大師所說，僧肇所著可媲美天台智者、印度龍樹等大師，可謂地位極崇。僧肇的思想對於三論宗、禪宗、華嚴宗、天台宗等宗派的發展也產生了重要影響，對中土漢傳佛教的進一步發展作出了傑出貢獻。

【註釋】

註一：《景德傳燈錄》，佛教禪宗史書，又稱《佛祖同參集》，簡稱《傳燈錄》，三十卷，北宋釋道原編。「燈錄」是按僧人的傳承世系編排的，以記錄僧人言語為主的文體，這是禪宗第一部以「燈錄」命名的燈錄體著作。禪宗把禪法的傳承比喻為燈火相續，因而把記載禪法傳承歷史的典籍名為「傳燈錄」，又因此書修成於北宋真宗景德元年（西元一〇〇四年），故名《景德傳燈錄》。

書中以禪宗法師傳承禪法的世系次序為基本線索，記述自過去諸佛至法眼文益禪宗五家五十二世一千七百一十二人（據明代智旭《閱藏知津・卷四十二》的統計）的師承法系。刊載了一批禪師的讚頌偈詩、銘記箴歌，尤其是匯載了九百五十四位禪宗人物有代表性的機語，充分表現出禪師應機施教的特點，同時反映出各個禪師的思維性格和整體禪宗的思維共性，是研究禪宗史的重要資料。

此般以傳法世系為線索的編寫體裁，便於人們瞭解一宗一派的思想特點和演變過程，並由此引發了後世一系列燈錄體著作的問世，如《天聖廣燈錄》、《建中靖國續燈錄》、《五燈會元》等。

註二：《十六國春秋》係北魏崔鴻撰，是分別記述十六國歷史的紀傳體史書。西晉亡後，晉室南渡，中原地區遂有匈奴族劉淵、羯族石勒、鮮卑族慕容廆、氐族苻堅等先後建立的割據政權，史稱十六國。這些政權雖各有本國史書，而體例不同，詳略互異，不相統一。於是崔鴻根據舊有記載加以增損褒貶，成書後共一百卷，另有序例一卷，年表一卷。

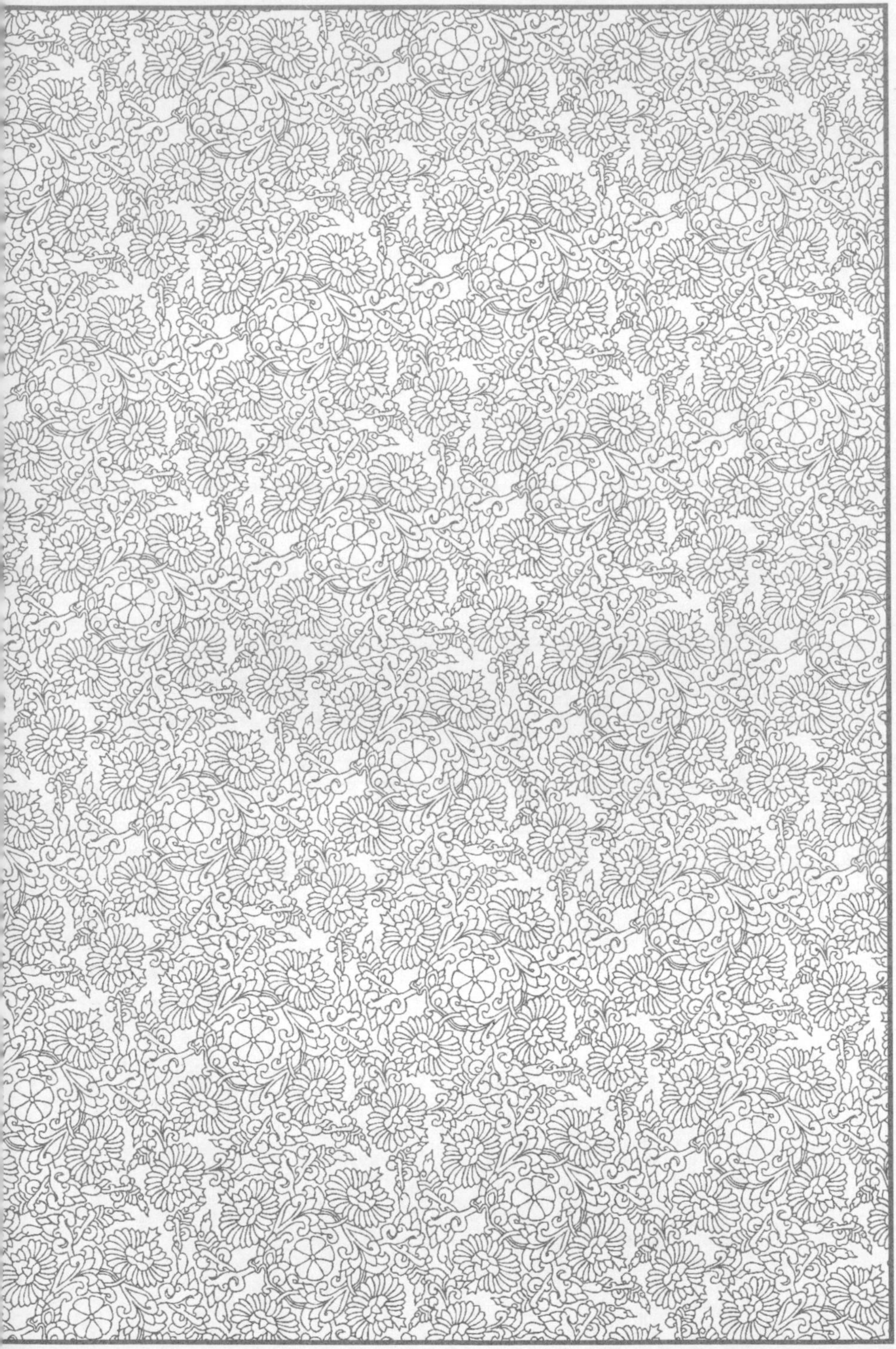

影
響

壹・傳世經典《肇論》

聖人虛其心而實其照，終日知而未嘗知也。故能默耀韜光，虛心玄鑑，閉智塞聰，而獨覺冥冥者矣。

僧肇的著述按照其寫作的大致先後年代，可做一簡略的目錄：〈般若無知論〉，作於西元四〇四年《大品般若經》譯出之後，今文載《肇論》；〈百論序〉，作於西元四〇四年《百論》譯出之後，今文載《出三藏記集》；〈維摩詰經序〉，作於西元四〇六年《維摩詰經》譯出之後，今文載《出三藏記集》；《注維摩詰經》，作於西元四〇六年《維摩詰經》譯出之後，現存僧肇《維摩詰經注》，係糅合鳩摩羅什、僧肇、道生等人的注解而成；

〈不真空論〉，作於西元四〇九年《中論》譯出之後，今文載《肇論》；

〈物不遷論〉，作於西元四〇九年《中論》譯出之後，今文載《肇論》；

〈答劉遺民書〉，作於西元四一〇年間，今文載《肇論》；

〈四分律序〉，作於西元四一二年《四分律》譯出之後，今文載《出三藏記集經序續編》；

〈長阿含經序〉，作於西元四一二年《長阿含經》譯出之後，今文載《出三藏記集經序續編》；

〈鳩摩羅什法師誄並序〉，作於西元四一三年羅什圓寂之後，今文載《廣弘明集》；

〈涅槃無名論〉，作於羅什圓寂之後西元四一三年或四一四年，今文載《肇論》；

〈上秦王表〉，作於羅什圓寂之後西元四一三年或四一四年，今文載《肇論》。

〈宗本義〉，後世編集《肇論》一書者所作，今文載《肇論》；

〈梵網經序〉，疑為後人託名僧肇所作；

《寶藏論》，又名《晉僧肇法師寶藏論》，疑為後人託名僧肇所作；

〈丈六即真論〉，疑為後人託名僧肇所作；

《老子注》，疑為後人託名僧肇所作。

至於《肇論》，乃是僧肇去世之後所編，究竟編於何時，又為何人所編，現在已很難考證。從時間來看，估計是南朝梁陳間彙集的僧肇論文。現存的通行本《肇論》一書，列〈物不遷論〉為第一篇，〈不真空論〉為第二篇，〈般若無知論〉為第三篇，〈涅槃無名論〉為第四篇。又在〈般若無知論〉之後附有劉遺民致僧肇書和僧肇的答書，在〈涅槃無名論〉之前附有〈上秦王表〉，並在全書之首冠以〈宗本義〉一文，以此合成一書。〈宗本義〉是對《肇論》全書思想的扼要總論，顯然是後來編撰《肇論》一書者所作。

關於《肇論》的注疏，現存的有晉．惠達的《肇論疏》三卷（現闕下卷），唐．元康的《肇論疏》三卷，宋．淨源的《肇論中吳集解》三卷、《肇論集解令模鈔》二卷，宋．遵式的《注肇論疏》三卷，宋．悟初道全集其師《夢廣和尚書釋肇論》一卷，元．文才的《肇論新疏》三卷，《肇論新疏遊刃》三卷，明．德清的《肇論略疏》六卷等。另外還有明．道衡的《物不遷論辨解》一卷，又宋．陸澄《法論目錄》（《出三藏記集》卷十二所載）及隋．法經《眾經目錄》（卷六）著錄有僧肇的〈丈六即真論〉一卷（已佚）。

《肇論》的核心思想

一、對「有」、「無」的說明

針對於當時盛行的魏晉玄學，僧肇對其進行了深入分析，其切入點就是對「有」和「無」這一對範疇的分析，以達到援道入佛的目的。

關於「無」具有的哲學意蘊，最早始於老子的哲學思想中。老子《道德經·四十章》說：「天下萬物生於有，有生於無。」這裡講的「無」不是不存在，不是我們平常所理解的「什麼都沒有」，不是經驗、感性層面的無；而是指一種虛空之義，是一種看不見、摸不著、但又是真實存在之本根性的「無」。

換言之，老子講的「無」，是從道的角度來講的，是指「道」的無限性、無規定性。在這裡，這個「無」不是與「有」相對立而解的「有無」問題；這裡的「無」，是一個本體性的範疇。或者說，在老子哲學裡，「無」是一種根本性的哲學概念。這個「無」比「有」更具有根源性和本根性的，是萬物的始基。在這個層面上理解的話，「無」是「道」的別名，是形而上之哲學術語的表達，而不是形而下之經驗層面的無（虛無，什麼都沒有）。

老子這一思想，後來被王弼所發展，成了「貴無」哲學思想。王弼直接把世界的最高本體理解為「無」，「無」就是萬有本原的存在。這種「貴無」的思想引起了魏晉玄學的諸多討論。

生活在魏晉玄學極為興盛環境下的僧肇，對儒道經典極為熟悉，也受到了魏晉玄學的深刻影響。所以，作為鳩摩羅什門下「解空第一」的僧肇，在向大眾傳播佛教般若學的時候，不得不用當時盛行的玄學範疇術語。雖然僧肇運用了玄學的範疇術語，但是其根本的指向是不同於玄學的，其對於「無」的理解及陳述，與老莊和玄學的內涵都不同。

僧肇講的「本無」之「無」是一種空的思想。因為，玄學的「無」與「有」是相對立存在的，而佛教講「有」是一種假有，所以「無」也是一種「假無」，也就是「空」。應該說，《肇論》中的「無」，其意義與老莊之「無」以及玄學之「無」的意義是不一樣的。當然，二者都有本體論的意義，但其意旨是不同的。

《肇論》的「無」是佛教「空」的表達，是對真如佛性之空性的詮釋；而玄學的「無」，更似「自然」或「道」之別名。《肇論》的「無」所表現出來的「空」的思想，也符合僧肇一貫堅持的空觀思想，與僧肇本人的思想是一致的。

二、對「動」、「靜」的說明

動靜之別，也是魏晉玄學研究的一對主要範疇。僧肇對動靜的理解，與我們常人理解不太一樣，他把事物的動靜放在時間裡談。在時間中，已經過去的事物不會顯現在當前的時間中；而常人理解的事物動靜，則是與空間相聯繫的，是把事物的狀態和具體屬性相聯繫。

僧肇的動靜思想——「物不遷」的思想，乃是從佛教的緣起論來看。緣起論認為，萬事萬物都是因緣聚合，事物和現象是因條件而產生，所以我們不能執著於萬事萬物；因為，這種「有」是因條件產生的，是沒有自性的，是一種「假有」，是不真的，是「空」的外在表現。

古希臘哲學家赫拉克利特（Heraclitus，西元前五四四至前四八〇年）曾說：「人不能兩次踏進同一條河流。」說明萬物皆流、無物不變，亦即事物是不斷運動變化的。兩次踏進的河流是不同的——後踏進的河流與先前踏進的河流在時間上已不是一樣的了，之前的河流也只是在之前的那個時間點存在。

從〈物不遷論〉中則可以看出，僧肇運用了否定性、反觀的思維方法來理解事物的動靜問題，這一思維方式受到了老莊思維方法的影響。老子的哲學，就是一種否定性的、反觀的思維方法，如其所云：「反者，道之動」（《道德經．四十章》）。在當時的玄學背景下，僧肇的思想受到老莊思維的影響，也是很正常的。僧肇的高明之處則在於，把玄學討論的「有」、「無」哲學問題，逐漸引向佛法的教理問題。

僧肇於〈物不遷論〉中討論的動靜問題，選擇的參照系不一樣。人們所說的動是從過去到現在來談的；因為過去的東西不能原封不動地來到現在，因而說它是運動、變化的。僧肇順著常人的理解說，「靜」是從現在到過去的思維方法，因為現在的事物肯定不是過去的事物；所以說，過去的事物只能在過去的時間裡存在，是不會離開過去到現在來的，因而說它是「不去」——「遷」就是「去」，不遷就是不去。

僧肇的目的是引導常人趨向對般若性空的理解。為什麼說「物不遷」呢？明明這是個運動變化的世界，物體都是在運動著的？實際上，這裡涉及的是表象世界背後之本體世界的問題。一切表象的背後，實際上都是作為本體的「空性」之顯現；經驗世界流動不居，而本體如如不動。僧肇的目的，就是將魏晉玄學的思想引向對佛理的探究，便是從表象朝本體的深究。

當然，這也涉及到親證的問題，正如明末四大高僧所認為的那樣。僧肇是以俗諦曲折地講聖諦，這是需要親自體證才能更好理解的。

三、對「空」、「假」的說明

對空、假問題的說明，主要涉及的是佛教內部的義理紛爭。僧肇在〈不真空論〉中，把玄學討論的有無問題引向了「空假」問題。

在佛教大乘般若思想傳入中國後，人們用各種思想去會通大乘空宗思想。由於受到當時玄學的思維方式的影響，佛教學者根據自己的認識與體會闡發對「空」的理解，由此形成了「六家七宗」的不同學說。僧肇認為，當時人們對「空」的理解都有偏差，不符合佛教的本義。於是，僧肇在〈不真空論〉中重點批判了當時有影響、有代表性的三家，即「心無宗」、「即色宗」、「本無宗」這三家關於解空的思想。

對於「心無宗」來說，僧肇認為：

心無者，無心於萬物，萬物未嘗無。此得在於神靜，失在於物虛。

「心無」這一派，他們主張只是對於萬物心無所著，但是沒有通達萬物當體即空。這一派的優點在於能使心神安靜，缺點在於沒有認識到萬物緣生性空的本質。

對於「即色宗」來說，僧肇認為：

對於即色者，明色不自色，故雖色非色也。夫言色者，但當色即色，豈待色色而後為色哉？此直語色不自色，未領色之非色也。

「即色」這一派，他們明白色法（萬物）並非本有，人們常見的萬物並非實際存在，只是因緣和合產生而已。但是，這樣的認識還不夠；因為，色法雖然沒有自性，是因緣而生，難道因緣不也是沒有自性的嗎？這一派的優點在於，認識到色法非本有，但缺點在於沒有認識到因緣也是無自性的。

對於「本無宗」來說，僧肇認為：

情尚於無，多觸言以賓無。故非有，有即無；非無，無亦無。尋夫立文之本旨者，直以非有非真有，非無非真無耳。何必非有無此有，非無無彼無？此直好無之談，豈謂順通事實，即物之情哉？夫以物物於物，則所物而可物；以物物非物，故雖物而非物。是以物不即名而就實，名不即物而履真。然則，真諦獨靜於名教之外，豈曰文言之能辯哉？

僧肇指出，「本無」這一派，執著偏重於作為世界本體的「無」。他們處事發言往往抬高「無」的地位，所以否認事物的「有」，認為有離不開「無」。同時，他們也否認事物無，認為無也離不開「無」。探究聖人立教的本意，只是告訴人們說，「有」或「無」都不是真正的本質。為什麼一定要糾結於「有」、「無」的名相呢？這只是喜歡談「無」而已，哪裡算得上明白實相呢？用名稱命名於物，凡是被命名的都可稱為物；用名稱命名於非物，雖有其名而無實物可得。因此，物不是因為有了名稱就能符合實際，就能顯現實相。真理乃是超然於名稱概念之外的，哪裡是語言文字所能說清楚的呢？

當然，僧肇的解空方法也受到了當時玄學思維的影響。例如，「審一氣以觀化」的說法，似乎源於《莊子．大宗師》「彼方且與造物者為人，而遊乎天地之一氣」；這句話的意思是說，高人正跟造物者結為伴侶，而逍遙於天地渾一的元氣之中。僧肇在論中批評「彼此不分」的學說時，「人以此為此，以彼為彼；彼亦以此為彼，以彼為此」，這則是似乎受《莊子．齊物論》思想的影響。

當然，這一方面說明僧肇的思想受到了道家語言和思維方式的影響；但是，另一方面，僧肇也許有意如此，以擴大佛教影響，吸引更多儒道士子接受佛法的旨趣。

僧肇雖借鑑某些玄學名相來論證般若空觀思想，但從根本義上講，是符合佛教「空」義思想的。僧肇認為的空是「當體即空」，而不是「緣起才空」（緣起才空，有先後之意），也不是理性分析得出的空；萬物都是「自虛」的，萬物本身都沒有自性。

我們可以從不同的角度來理解佛教講的「空」——

一是空性：一切外在事物都是無自性——沒有永恆存在的實體，其體性為空。

二是空理：如果能夠認識「萬法皆空」的道理，就把握住了認識本體的正確途徑。

三是空境：空境指的是佛法修行的最高境界，即親自體證到萬法皆空、緣起性空的境界。

四是空觀：當這種空境轉變為一種修持方法時，就成了空觀。亦即透過般若直觀的方式，照見五蘊皆空，觀察或認識到萬法的實相即是空，不把存任和見解執為實有；這種有只是暫時的有，是一種「假有」，是不真實的。所以僧肇說「不真即空」。

四、對「無知」的說明

僧肇在〈般若無知論〉中，提出了認識與被認識、無知與有知、能知與所知等認識論上的關係。他認為，只有般若之知才是真正的知，般若的「無知」即是真知。般若之無知是無惑取之知，即超絕疑惑妄想的知；或者說，只有真正的般若智慧才能達到能知與所知的統一。

要理解僧肇的〈般若無知論〉的思想，首先須認清「知」在不同脈絡下的含義。僧肇把知分成兩種：一種是真知，另外一種是惑知。惠達疏「無知」曰：「無惑智故名無知。」凡夫常人的知是「惑知」，聖人的知是「真知」。就聖人的「無知」來說，其「無知」並不是一無所知，而是無惑智，是聖人之智。

換言之，聖人不被一般常識所迷惑，或者不陷於一般知識，不執著於外部經驗知識，這就是聖人之「無知」。這符合不執著的空性思想。

這種思維方式與老莊的思想頗為相似，其強調無知無欲，不要執著於現實，特別是與莊子（約西元前三六九至前二八六年）很相似。莊子認為，事物都是相對存在的，當條件發生變化時，事物本身也隨之發生變化；所以，沒有什麼永恆的東西值得我們執著地追求和把握。這和佛教的緣起論思想有著某些異曲同工之妙。

僧肇在論證般若無知的時候，有兩個層面：一是認為般若是無惑取之知，是一種真知，與凡夫之知是不一樣的；二是認為般若自性清淨，本身沒有能知與所知之區分。

僧肇認為，「聖人虛其心而實其照」，其般若智慧就像一面鏡子一樣，能觀照萬物而不失自性明亮，這就是要破除凡夫的能知與所知之區分。因為凡夫俗子都有二分對立的思維方式，如長短、高低、上下等分別；佛教正是要用圓融的、無分別的、辯證的思維方式，來破除世俗的有分別的、執著的心態和思維方法，以達到對真理的認識和體證。

僧肇的這種緣起論思維，是一種有別於世俗之惑知的整體性、圓融性的思維方式。事物並不是孤立存在的，而且相互聯繫、因緣糾葛，而緣起則是自性空的。所以，世俗認為真實的東西，在佛法看來其實都不是真實存在的，只是一種「假有」。只有達到了真知（聖人之知），才能真正明白事物的本質。

五、對「涅槃」的說明

〈涅槃無名論〉涉及範圍很廣，可以看作是對整部《肇論》的邏輯終結，也是僧肇一生佛教思想的總結。

從僧肇討論「物不遷」的思想可以看出，其指向是超越現象的本質；要想獲得「真知」，其境界就是要達到「涅槃」。所謂「涅槃」（nirvāṇa），在早期所譯的佛經中稱作「泥洹」，意譯為「滅度」；借用老莊的術語，似可稱「無為」。僧肇在〈涅槃無名論〉中解釋道：

無為者，取乎虛無寂寞，妙絕於有為；滅度者，言其大患永滅，超度四流。

所謂「無為」，來自於虛無、寂寞、妙絕等觀念，以區別於「有為」；所謂「滅度」，指的是困擾人們的生老病死等「大患」永遠消失，進入超越「四流」——欲流、有流、見流、無明流（註一）——之清淨無為的境界。

僧肇認為，涅槃含義有三：

一是「大患永滅」，指不再受生死輪迴束縛，超出於世俗凡塵之外。

二是「虛無寂滅」、「妙絕於有為」。這種觀點的獨特之處，不在於提倡超凡脫俗於「有為」世界，而在於提出一個不脫離「有為」世界之「寂滅」、「無為」的世界，亦即出世不離入世，或者說出世與入世是一體的。對僧肇影響極大的《維摩詰經》中所言顯然也是這個意思，這種「不二」思想對後來的佛教中國化產生了重要影響。

三是用「無名」一詞來歸納涅槃之義，認為「無名」表達了「無為」的本質屬性。所謂「無名」，並不是空洞無物，而指的是那種不能以世俗眼光去認識、不能用世俗的語言文字去表達、不宜作任何區別對待的精神境界。

傳統佛教對「涅槃」作「有餘」和「無餘」之分，僧肇對這種傳統主張竭力反對。他認為，「涅槃」既然是不可言說的，就不應該分為兩種；「而曰有餘、無餘者，良是出處之異號，應物之假名耳」。

所謂「有餘涅槃」，指的是斷見思惑悟道之後，但是身體（業報身）還在；如果連身體也捨掉了，就叫「無餘涅槃」。（註二）僧肇認為，不應當這樣劃分。因為，涅槃是一種精神境界，和業報身無關，不管身體在或者不在，涅槃都是一樣的；所謂有餘、無餘涅槃，只是隨機應變而說的假名罷了，並非兩種不同的涅槃。

總而言之，涅槃是一種超言絕象、無名無言、非有非無的，寂然不動的不可思議境界。

〈般若無知論〉探微

弘始五年（西元四〇三年），鳩摩羅什譯出《摩訶般若波羅蜜經》，即《大品般若經》，次年四月二十三日校訖。僧肇參與譯事，並於《大品經》譯出之後，寫出其第一篇佛學論文〈般若無知論〉。

一、般若聖智的體性

般若是梵文 prajñā 的音譯，指的是形而上的最高智慧，不是一般的世俗學問智慧。因其意思超越漢語的「智慧」一詞，所以古代大德高僧在翻譯佛經時音譯為「般若」，而不直接翻譯為「智慧」，因為般若意義廣博無限，而智慧意義狹小有限，智慧不能完全解釋盡般若的含義。而後人之所以將般若解釋為智慧，是因為在漢語中沒有任何一詞可以完全解釋「般若」一詞，所以還是只能假借「智慧」一詞來勉強解釋「般若」。

般若作為諸佛之母，可以說是一切佛教經典的根本；不瞭解般若，就無從瞭解一切大乘經典。在〈般若無知論〉中，僧肇詮釋了般若的特徵或體性。

在〈般若無知論〉一開始，僧肇就講道：

夫般若虛玄者，蓋是三乘之宗極也。

開宗明義地指出了般若真智的特點即無相、虛寂而玄妙，是聲聞、緣覺、菩薩這三乘佛教的根本道理。元康《肇論疏》注曰：「般若之法，無相故虛，幽隱故玄。玄，黑也，幽深難測。」文才《肇論新疏》則注曰：「非知非見曰虛，不有不無曰玄。」都指出了般若無相、無知、虛玄、不有不無的「特質」。

僧肇又說：「然則，聖智幽微，深隱難測，無相無名，乃非言象之所得。」

文才《肇論新疏》注曰：

聖智為般若之體，離諸分別故云「幽微」；無相故非義象可思，無名故非言詮可議，故云「難測」。為試下意云，般若雖非名相可及，將欲悟物，亦當內亡其象，外寄其言以辯之。

大意是說，聖智是大智慧，深奧難測；因其無相（沒有具體的形相），故不能拿實物來理解；因其無名（無法直接言說），故不可拿世俗言語來稱說。

僧肇還引用佛經所說來論證這一觀點。其舉經證云：

《放光》云：「般若無所有相，無生滅相。」《道行》云：「般若無所知，無所見。」

意思是說，《放光般若經》說「般若」沒有無相，也沒有生滅相；《道行般若經》則說，「般若」沒有世俗所謂的知識，也沒有世俗所謂的見聞。由此以論證般若聖智無名無相、幽微難測的特點。在佛法看來，一切東西都隨因緣而生滅，沒有恆常性，所以本性為空。一切現象都本性自空，所以「色即是空」；但空性也不單獨存在於萬物之外，而是本來就在一切現象當中，所以「空即是色」。

般若雖是最高的智慧，非言語所能把握、言說，然而又離不開言語。所以僧肇說：

斯則無名之法，故非言所能言也；言雖不能言，然非言無以傳。

以及：

然其為物也，實而不有，虛而不無，存而不可論者，其唯聖智乎！

元康《肇論疏》注曰：「不可論其相貌定有定無，故言不可論也。唯獨聖智如此。故云『唯』也。」意思是說，般若聖智的本性是真實而非實有，虛寂而非空無；它雖然存在，卻不能對它進行任何語言描述，不可論其相貌，不可說它定有或者定無。沒有般若智慧也就沒有聖人，所以文才《肇論新疏》也曰：「故般若妙存所以能聖；若無般若亦無聖人，但不可作有無等思議。」

僧肇又說：

欲言其有，無狀無名；欲言其無，聖以之靈。聖以之靈，故虛不失照；無狀無名，故照不失虛。照不失虛，故混而不渝；虛不失照，故動以接粗。是以聖智之用，未始暫廢；求之形相，未暫可得。

意思是說，若言「般若」存在，它又無名無相；若說它不存在，聖人卻靠它觀照一切。聖人靠它觀照一切，故雖虛寂而不失其觀照之功；因為它又無名無相，故它雖能觀照一切而又不失其虛寂的本性。觀照一切而又不失其虛寂的本性，所以它能順應世俗而不違背原則；虛寂而不失其觀照之功，所以能自由活動而不脫離世俗外境。因此可以說，聖智般若沒有一刻不在起作用；然而，若從形象上找尋，那是永遠也找不到的。文才《肇論新疏》則注曰：

名依相立，相自緣生，有為法也。且即心覺，照不從緣生，何有名相？聖以之靈者，聖人諸法盡覺萬緣普應，正由般若力通難思，何為無邪？

意思是說，般若觀照不從因緣生，就沒有名相，聖人正是靠它來解釋疑難，怎能說它是無、不存在呢？

僧肇為了進一步解釋般若的特點，引《大品般若經》說：「真般若者，清淨如虛空，無知無見，無作無緣。」意思是說，真正的般若智慧，清靜無為如同虛空一樣，無知覺，無見聞，無造作，無感觸。接著，僧肇得出了一個重要結論：

斯則知自無知矣，豈待返照，然後無知哉！

其意為，般若本來就是「無知」的，不用等待反思、反觀之後才說般若是無知的。

僧肇論證道：

若有知性空而稱淨者，則不辨於惑智，三毒四倒亦皆清淨，有何獨尊於般若。

元康《肇論疏》注曰：

三毒、四倒下，不但惑智，乃至三毒等皆爾，亦以性空為淨，與般若何異，何故獨稱般若無知乎？

所謂「三毒」是指貪（貪欲執著）、瞋（惱怒）、癡（迷亂顛倒）三毒。

所謂「四倒」指四種顛倒妄想。《大般涅槃經》云：

苦者計樂，樂者計苦，是顛倒法；無常計常，常計無常，是顛倒法；無我計我，我計無我，是顛倒法；不淨計淨，淨計不淨，是顛倒法。有如是等四顛倒法。

常人將苦樂的看法顛倒了，應該痛苦的（如貪欲）卻認為是快樂，應該快樂的（如修行）卻認為是痛苦。對於常、無常（常人認為一切有為法是恆常不變的），我、無我（常人認為身體就是我，不相信佛性是我），淨、不淨（身體是最不乾淨的，常人卻認為是乾淨的）的看法也是這樣顛倒。

《肇論疏》的意思是說，不是因為有了「無知」才有了清淨，而是般若本身就是清淨；聖人的「無知」，是在「有」的範疇中對般若之清淨性質的領悟；這種領悟，是以自心的「性空」即不取相來實現的，這種所謂「空」就被稱之為「無知」。明白了這些道理，就可以知道，般若是性空，惑智也是性空，哪怕三毒、四倒也是性空。

二、般若「無知而無所不知」

僧肇運用了中觀非有非無、有無不二的方法，說明般若聖智無知而無所不知的道理。這種論證方式當時的人們一開始並不熟悉，雖然在當時引起了諸多爭議，但隨後則逐漸獲得讚譽。

僧肇首先用「有所知就有所不知」來論證般若聖智之知雖無知而無所不知的道理。僧肇說：

夫有所知，則有所不知；以聖心無知，故無所不知。不知之知，乃曰一切知。

這段話是僧肇這篇論文的關鍵。元康《肇論疏》注曰：「不知之知乃曰一切知者，無心取相而能知萬物者，乃是聖人一切智之所知也。」文才《肇論新疏》則注曰：「聖心不然，非能所取，故云無知；本覺靈明無法不照，故曰遍知。」

僧肇的意思是說，就一般的世俗認識而言，凡有所知，就有所不知；因為，知是相對於不知而言的，一個人若有所知，就必然有所不知。因為，知識是無限的，而個人的認識能力是有限的。在這方面有所知，在那方面就有所不知，不可能什麼都知道，故有所知則有所不知。

然而，就佛教般若聖智而言，其聖心無知而無所不知。此聖智雖為「無知」，但它不是認識具體有形相的事物，對於世間萬物以及個人利益的得失而不去分別、不計較，即所謂的「大智若愚」。因此，它雖為無知，卻能玄鑑萬物的本質，認識世界的「空」性，對於宇宙人生的真理無所不知，對於解決人生的煩惱和痛苦無所不能。所以說，「般若無知，無所不知」，其乃不知之知，因而一切皆知。

僧肇又說：

是以聖人虛其心而實其照，終日知而未嘗知也。故能默耀韜光，虛心玄鑑，閉智塞聰，而獨覺冥冥者矣。然則，智有窮幽之鑑，而無知焉；神有應會之用，而無慮焉。神無慮，故能獨王於世表；智無知，故能玄照於事外。智雖事外，未始無事；神雖世表，終日域中。所以俯仰順化，應接無窮，無幽不察，而無照功。斯則無知之所知，聖神之所會也。然其為物也，實而不有，虛而不無，存而不可論者，其唯聖智乎！

這段話的意思是說：聖人將心中（對於幻象的妄見去除）使心智虛空，以般若智慧來點亮認識，聖人可以終日處於「未嘗知」實則是「知」的境界。用這樣的方法，聖人雖然默默無言，卻可以看到自身（智慧）的光亮，在「虛」的空蕩心中去探索「玄」的情形。將自己「智」的門關閉，將自己「聰」的通道堵塞，使和「知」相關的「智」和「聰」不能干擾自己的心，這樣就能夠獨自安靜下來，方能達到對於「冥冥大道」的體認。

然後，正是這種方法，可以使人能達到「智」的極限，具備能夠達到幽冥玄微（剎那實在）的鑑別，也就是般若的「無知」。也正是這種方法，可以使人能達到「（心）神」的極限，具備能夠應對現象的實在之用、卻無需以智思慮的能力。

人的心神雖然屬於「世表」（世俗）、也就是「有」的範疇，卻因為可以達到「無慮」的高度，從而成為獨立於「世表」、且不受其束縛之最特別的「智」

的狀態。人的心神雖處於「世表」之中，雖是最終實在界的根本作用，卻不脫於現象界之外；所以，無論怎麼看、不論俯看或是仰看，其實都不過是依順著變化，都與「無窮」相聯繫，如此則沒有什麼幽微之處不會被察看到。

這屬於徹底瞭解「無」的一種特殊的「知」，是聖人的心神綜合融匯了一切所形成之整體觀念的必然結果。雖然，從「物」的角度來看，其應該屬於「實」；然而，這個「實」卻是一種「不有」的情形；若反過來將其說成「虛」，這個「虛」卻是一種「不無」的情形。可以說，其既存在卻難以分明地進行討論，只有「聖智」這一般若無知的智慧能夠加以理解。

對此，元康《肇論疏》注曰：

虛其心，謂不取相也；實其照，遍知萬法也。故能默曜韜光者，以不取相，故能潛照萬法也。……雖復閉智塞聽，而獨悟空空之理，故云獨覺冥冥也。

僧肇在這裡借用了部分玄學中的名詞，意指這種聖人之智是以虛靜之心觀照諸法實相。由於諸法虛幻不實，故只有聖心「獨覺冥冥」，即進行直覺體認；即使斷絕與虛妄外界的聯繫，「閉智塞聰」，能夠做到「默曜韜光」，即虛即實，不無不有，知而不知，不知而知，最終獲得般若智慧。

儘管僧肇主張「閉智塞聰」，以直覺體認萬物，但他並非完全排除客觀事物的存在，而是把萬法納入般若無知而無所不知的範圍，以內鑑外，內外結合，以成照功。如他所說：

> 內有獨鑑之明，外有萬法之實。萬法雖實，然非照不得；內外相與，以成其照功。

從般若與諸法既不相同、亦不相異出發，僧肇認為，聖心既「獨覺冥冥」，因而具有「獨鑑之明」，它對外界萬法具有觀照之功；這種觀照的實現，有賴於內外相與，即主觀與客觀的結合。

僧肇又運用「真諦無相」來證明般若無知的道理。僧肇說：

以般若可虛而照，真諦可亡而知；萬動可即而靜，聖應可無而為。斯則不知而自知，不為而自為矣。

「般若」是必須從理解「虛」才能瞭解其深意的，「真諦」是必須從理解「無」才有可能得知的。儘管萬物都在不斷運動，然而對於聖人來說，這些運動也可以說是等於不動，因為聖人可以觀照萬物寂然不動的本性。聖人可以運用其心神隨時到達「無」的境界，並在「無」的境界裡還可以有所「為」、無所不為。由此看來，聖人所達到的「不知」的境界，實際是（獲得般若智慧的）「自知」的境界；聖人所進入的「不為」的境界，實際是（獲得般若智慧的）「自為」的境界。

元康《肇論疏》注曰：「般若之智雖無知，而能鑑照真諦之理，雖忘相而可見知。」僧肇認為，般若聖智的觀照對象是「真諦」。所謂「真諦」，乃是相對於「俗諦」——即世俗的真理——而言，佛教大乘空宗把一切諸法皆緣起而無自性的道理視為真諦。真諦的特性是「不知而自知」，任何世俗之知都僅能知其部分，在知的同時會出現不知；而聖人般若之知並非世俗的感知，所以可避免世俗之知的片面性而達到無所不知。

僧肇又說：

聖智之用未始暫廢，求之形相未暫可得。故寶積曰：「以無心意而現行。」

意思是說，般若沒有一刻不在起作用，但它乃是如《維摩詰經》中寶積菩薩所說的，以心體的直覺活動為活動；如果從形相上去尋求它，那是永遠尋求不到的。「是以智彌昧，照逾明；神彌靜，應逾動。」思維越不起作用，它的觀照作用就越強；精神越寂靜，它對外界的反應越主動。在論中，僧肇還引用《維摩詰經》中寶積菩薩「無心無識，無不覺知」之語來說明，不執著思想和經驗知識，反而無所不知、無所不察的般若直觀之特性。

在僧肇看來，「不真即空」的道理即是真諦。在般若與真諦的關係上，僧肇提出「聖人以無知之般若，照彼無相之真諦」的思想。他說：

是以聖人以無知之般若，照彼無相之真諦。真諦無兔馬之遺，般若無不窮之鑑。所以會而不差，當而無是，寂泊無知，而無不知者矣。

聖人因為有無知的般若聖智，所以可以照見無相的真諦。這正如佛經所說的「兔馬過河」故事那樣，般若可以窮盡一切真相，所以言無知之般若可以無所不知。

佛經有則故事說，有大象、馬、兔子三隻動物渡過一條小河，大象可以腳踩河底而渡河，馬勉強觸底而沉浮渡河，兔子只能浮在河面渡河。相對於大象來說，馬和兔子對於河底是什麼樣的，並不清楚。這比喻智慧有深有淺，只有般若智慧才能像大象那樣，對河底狀態一清二楚。元康《肇論疏》注曰：

經說象馬兔三獸度河，淺深有異，象盡河底而無遺，兔馬未盡故有遺。今明般若觀真諦，真諦無遺，不如兔馬，故云無兔馬之遺。般若之智鑑照窮盡，故云無窮之鑑也。

僧肇認為，聖智無知，故無所不知；俗知則是有所知，亦有所不知。般若聖智的觀照對象是真諦；真諦包羅萬象，包含了不真即空的本體；真諦了無形象，故世俗之知無法認識真諦，只能靠般若智慧來體認，對事物的觀照方無所不知。

僧肇又以「五陰」為例來說明「真諦自無相，真智何由知」。他說：

般若即能知也，五陰即所知也，所知即緣也。

般若作為認知主體，具有能知的功能；五陰作為認識對象，被主體所知。所謂五陰（蘊），指物質世界（色蘊）和精神世界（受蘊、想蘊、行蘊、識蘊）的總和。常人因為被色（事物）、受（感受）、想（思維）、行（行為）、識（意識）五種狀態遮蔽了自己的本性，所以叫五陰（蔭）。佛教教義以五陰作為研究的對象；僧肇認為，所知之五陰是緣起之事物，因其為緣，故非真。所以，緣起之五陰作為所知的對象，與真智所觀照的真諦不能相提並論。他說：

《中觀》云：物從因緣有，故不真；不從因緣有，故即真。今真諦曰真，真則非緣。……是以真智觀真諦，未嘗取所知。智不取所知，此智何由知？然智非無知，但真諦非所知，故真智亦非知。

僧肇指出，真智觀真諦，不是以所知之五陰為認識對象。般若真智觀照真諦，但並不把真諦當作攀緣認識的對象。真智既然不取所知，真智般若又何嘗有知呢？然而，智非無知，只是因為真諦無相，不是通常認識的對象，所以真智亦為無知。原因在於，真智是以真諦為觀照（即認識）的對象，因認識對象無相，使認知主體無從「認識」，所以真智為無知。

僧肇還以非有非無、不落兩邊的中道觀來論證般若不知而知的道理。僧肇引經論證道：

經云：般若義者，無名無說，非有非無，非實非虛；虛不失照，照不失虛，斯則無名之法，故非言所能言也。言雖不能言，然非言無以傳，是以聖人終日言而未嘗言也。

意思是說，般若既沒有名稱也無需論證，即不能說它是有，也不能說它是無；它既非實有，也並非虛無。它虛寂而不失其觀照之功，觀照萬物而不失其虛寂本性。它是無名的——語言無法表達清楚的；語言雖不能徹底表達其真意，但不透過語言又無法表達。所以，聖人傳道雖然終日在說，但其真意則需要擯棄語言的表象去領悟。

僧肇進一步解釋：

夫聖心者，微妙無相，不可為有；用之彌勤，不可為無。不可為無，故聖智存焉；不可為有，故名教絕焉。是以言知不為知，欲以通其鑑；不知非不知，欲以辨其相。辨相不為無，通鑑不為有。非有，故知而無知；非無，故無知而知。

這段意思是說，般若聖心微妙，沒有實體和形相，不能說它是有；其作用無窮，不能說它是無。因此，僧肇主張不去區分知與不知，只是在聖心中加以掌握而已。就聖智所鑑的真諦是無相，故其知為無知；就其辨真諦的實相，故不知為知。般若是知而無知，無知而知，無知而無不知。

僧肇還採用自問自答的方式論證般若「無知而無不知」，即採用詰難（「難曰」）和應答（「答曰」）的方式進行分析。例如，第五難涉及法性論即有無至極的根本問題。難曰：

論云不取者，誠以聖心不物於物，故無惑取也。無取則無是，無是則無當。誰當聖心，而云聖心無所不知耶？

詰難說：你所說的「不取」，就是說聖人真實不妄之心不執著於萬物，因而就不取相於世俗之知見。不取相於世俗之知見所以沒有是非之肯定，沒有是非之肯定也就沒有符合與否的判斷標準。然而誰又能符合聖人真實無妄之心？

卻又說聖人真實無妄之心無所不知呢？僧肇答曰：

然，無是無當者。夫無當則物無不當，無是則物無不是。物無不是，故是而無是；物無不當，故當而無當。故經云：盡見諸法而無所見。

應答說：沒有是非對立之判斷標準的聖人之心是這樣。如果沒有對萬物進行硬性標準的判斷，那麼萬物都是符合判斷標準的；如果沒有主觀是非的區判，萬物皆是其所是、當其所當，不必有「是、不是」、「當、不當」的對立判斷。因此，佛經說：般若聖智遍照世間萬法，而沒有執著於世間萬法。

第九難則是有關「定慧」關係的辨析。難曰：

論云：言用則異，言寂則同。未詳般若之內有用寂之異乎？

詰難說：你說，從功用的角度而言，般若聖智和性空真諦有差別，從體性的角度而言則沒有差別。問題在於，就般若聖智來說，有體、用的差異嗎？

僧肇回答曰：

用即寂，寂即用，用寂體一，同出而異名，更無無用之寂而主於用也。

般若之功用和體性是不離不二的，功用就是體性，體性就是功用，體用是一如的，本源相同而稱謂不同，並沒有一個缺少觀照功用的體性來主宰觀照功用。

總之，僧肇所謂「般若無知」者，雖說般若「無知」，但又無所不知。此「無知」不同於世間的無知；世間人所說的無知是指愚癡而言，不明事理、不信因果，對一切事、一切法迷惑不知，故言「無知」。世間眾生的無知是愚昧，而佛菩薩的「無知」是般若；眾生的無知是因無明煩惱所致，而諸佛菩薩的無知是修四攝、六度而得的慈悲無礙大智；眾生無知便會六道輪迴生死，諸佛菩薩無知則是通達宇宙人生真理；眾生的無知是對於由「我執」而產生的貪、瞋、癡三毒煩惱迷惑而不知，諸佛菩薩的無知是斷除「我執」、證得無我境界。

所以說，般若「無知」，卻無所不知、知無不盡。

三、般若聖智的修證

般若「聖智幽微，深隱難測，無名無相，無知無見」，只有聖人才有，常人是不具備的；然而，常人是可以通過學習來把握的。那怎麼才能掌握般若智慧呢？僧肇說：

是以聖人虛其心而實其照，終日知而未嘗知也。故能默耀韜光，虛心玄鑑，閉智塞聰，而獨覺冥冥者矣。

文才《肇論新疏》注曰：「虛心者，無知相故；實照者，有照用故。」可見，要具備般若智慧，就必須採用以下幾種方法——

一是「默耀」：即聖智不取於相，潛照萬法。

二是「韜光」：即隱藏智光，不執著萬物。

三是「虛心」：即心無執著，使心保持虛寂的狀態。

四是「玄鑑」：即通過直觀、直覺來把握萬事萬物的真相。

五是「閉智」：即不起分別心，關閉常人的思維成見。

六是「塞聰」：即不聽、不納，不被外物干擾。

依此修行，待時節因緣具足，就能獲得寂然不動、幽微深隱的般若聖智了。

僧肇提出「般若無知論」，以真諦的無相來論證般若的無知，其目的在去掉惑智（即所謂的惑取之知，也就是俗知），代之以佛教的般若智慧。關於真智與俗智的區別，僧肇認為：

> 夫智以知所知，取相故名知。真諦自無相，真智何由知？

通常人們所說的智慧，是以俗知而得知。真智——即聖智，是以真諦為觀照對象；由於真諦無相，不能以俗知而得以知。所以，真智與俗智是兩種不同的智慧。

僧肇強調，般若聖智自然無知，本無惑取之知，而有別於「惑智」，因此不可以「知」來稱呼它，以免混淆般若與惑智。般若與惑智的區別，就在於般若無知而惑智有知。既然般若無知，超越了世俗認識；那麼，只有去掉惑取之知，排除世俗認識的偏差，才能獲得般若聖智。

然而，般若之智慧雖是無知，但與世俗所謂的無知不同。在〈般若無知論〉中，僧肇便自設疑難，以區別「無知」與「知無」這兩個不同的概念：

難曰：聖智之無，惑智之無，俱無生滅，何以異之？

答曰：聖智之無者，無知；惑智之無者，知無。其無雖同，所以無者異也。何者？夫聖心虛靜，無知可無，可曰無知，非謂知無；惑智有知，故有知可無，可謂知無，非曰無知也。

詰難問：般若聖智的「無」與世俗之見的「無」，都沒有生起和滅盡，如何區別？應答說：般若聖智的「無」，是心體寂然，冥絕差別，無惑取之知；世俗之見的「無」，是確實不知道事物的本質。雖然看起來都是「無」，但兩者卻大不相同。為什麼呢？

聖心虛空靜寂，根本沒有常識知見可被忘棄，因而可以說是「無知」，而不能說「知無」；惑智有常識知見，既有所常識知見就有不知道之處，因而可說是「知無」，而不能說是「無知」。也就是說，世俗認識及其對象虛幻不實，只有去惑取之知，依靠佛法修行的觀照，才能把握諸法實相，獲得般若聖智。

僧肇於〈般若無知論〉主張，世俗的認識把客觀存在作為認識的對象，而這個對象不過是虛假的幻象，是不真實的，對它的認識只能是惑取之知。惑智用來認識、分析現象界，便須成立主、客觀的存在，以及採取邏輯思維、推理作用。般若「聖智」和通常人的「惑智」則有本質上的不同，乃是憑藉真智直觀去把握萬物的本質，無知而無所不知，是洞察一切、無所遺漏的最高智慧。

僧肇的〈般若無知論〉顯然來自佛教中觀學派的思想，行文上則採用了某些玄學上的語彙，也可以說是對道家的「無為」思想的揚棄和超越。

總之，僧肇的〈般若無知論〉，通過論述聖智無知而無所不知，主張「閉智塞聰」，聖心才能「獨覺冥冥」；提出「聖人以無知之般若，照彼無相之真諦」，以真諦的無相，來論證般若的無知；區分聖智與惑智，要去除惑取之知以獲得般若智慧。

僧肇以其熟悉的玄學的抽象語言，於〈般若無知論〉達到了極高的思辨水準，以佛教哲學的形式發展了中國哲學的認識理論，對後世影響深遠。

〈物不遷論〉探微

僧肇〈物不遷論〉這篇論文所要討論的，是客觀的物質世界有無變化、生滅、運動，以及現象背後的本質是什麼的問題。

在過去的佛學研究中，往往以事物的生滅、變遷、無常來論證事物的虛幻與空無；僧肇則提出一個新的命題——「物不遷」。僧肇承認，在現象上，事物是變遷的；但若把這現象加以進一步地深入分析，則可發現，現象所提供給人的這一流動、變遷的表象是不真實的，現象背後的本質是不變不動的。

一、「動靜未始異」故物不遷

〈物不遷論〉開篇就講：

夫生死交謝，寒暑迭遷，有物流動，人之常情，余則謂之不然。

一般人都認為，萬事事物都經常處於生滅、來去等流動變化中，僧肇卻不以為然；他認為，一切事物既不流動也不變化，即「物不遷」。僧肇認為，不能離開運動變動而談靜止，運動變化其實是事物寂靜本體的表現；動與靜是不分離的、相即的、一體的，事物是即動即靜、即體即用的。

僧肇說：

尋夫不動之作，豈釋動以求靜，必求靜於諸動。必求靜於諸動，故雖動而常靜；不釋動以求靜，故雖靜而不離動。然則，動靜未始異，而惑者不同；緣使真言滯於競辯，宗途屈於好異。

如何去找這「不動之作」呢？難道要通過解釋「動」來求得「靜」嗎？如果當真如此，就得從各種「動」去求得「靜」。既然各種「動」最終必可求得「靜」，則不管怎麼樣的「動」，最終都應常處於「靜」的狀態；如果不以解釋「動」來求得「靜」，則不管怎麼說，對「靜」的說明也離不開「動」。其實，這麼說來說去，動和靜並沒有本質不同，動靜只是迷惑者自身的不同感受罷了。這樣只是把本質原因流於表面言辭之爭辯，人們也只不過是在言辭上作一選擇而已。

僧肇認為運動是假象，靜止不動是真相，一切事物本身是不動不變的。在僧肇看來，不能在變動之外去追求靜止，而應該在變動中去認識靜止，「必求靜於諸動」；靜不離動，動不離靜，動靜本來並沒有什麼區別。

僧肇肯定「不遷」是宇宙萬物的真正本質，強調萬物的流動只是假說，物不遷說才是真理。僧肇解釋說：

夫談真則逆俗，順俗則違真。違真則迷信而莫返，逆俗則言淡而無味。緣使中人未分於存亡，下士撫掌而弗顧。

元康《肇論疏》解釋道：

俗人謂異，言不異者，則逆俗人也；真理是一，言不一者，則違真理也。此言真者，謂理實如此，故名為真。……中人聞此動靜不二，未能決定，或信或疑，故云未分於存亡。下人聞此決定不信，故云撫掌而弗顧。

也就是說，如果要談真，也就是去揭示動和靜的本質，便會與凡夫俗子的通常理解相違背；如果順著凡夫的理解來說，又與佛法所說的真諦相違背。如果與真諦相違背，則必然在性質上迷失方向，讓人找不到歸途。如果與凡夫常識相違背，則講起話來便「淡而無味」，可能讓人聽起來興趣索然。由於這種種緣故，才有這種現象：中等資質（學問、天賦）的人對於動和靜的存與亡就有所疑惑，難於決斷；資質較差的人聽到如此談論，便禁不住拍手大笑，不屑一顧。

僧肇在此借用老子《道德經．四十一章》的說法，來進一步解釋要理解動靜、真諦與俗諦的關係要具備高超的智慧和合適的述說方式。老子云：

上士聞道勤而行之；中士聞道若存若亡；下士聞道大笑之，不笑不足以為道。

這一句話的意思是說：上士聽了有關大道的理論，立刻理解了，就努力去實踐；中士聽了有關大道的理論，將信將疑；下士聽了有關大道的理論，哈哈大笑。正因為大道是極難認識的，若是不被愚者所笑，似乎反不足以為道了。

元康《肇論疏》云：「如來說法，皆依二諦，言則順俗，理則明真。」佛陀說法，都依照俗、真兩種方式，在語言表達上順從世俗，但在內在道理上彰顯的是真理。僧肇〈物不遷論〉的主旨也是這樣。宣揚真理就會與世俗之見不合，順從了世俗之見又違反了真理，違反了真理會使人迷惑本性，以至於喪失本性。在僧肇看來，動不離靜，靜不離動，動靜為一而言為二，動靜在本質上沒有什麼不同，因為萬物皆因緣而起。

對於魏晉玄學注重名相（名詞概念）的風氣來說，僧肇說：「真諦獨靜於名教之外，豈曰文言之能辯哉？」意思是說，人們雖然用名相加給事物存在形態以「動」、「靜」的稱呼，其實真理在名稱之外，是不能用語言文字辯明的。「動」、「靜」只是人們的主觀名稱，動靜是「未始異」的。

僧肇和王弼有所不同。王弼認為「靜」是絕對的，而「動」是相對的；他對動靜的考察，認為動的現象的背後是絕對的靜，要通過對動的分析來認識靜止不變的本體。僧肇則認為不能離開變化、運動而談靜止，運動變化其實是寂靜本體的表現，離開了運動，靜止也不存在；所以，動靜兩者不是絕對的表象與本質的關係，而是即動即靜、即體即用點。

由此可見，僧肇的動靜觀並非傳統中國哲學的動靜關係，而是從佛學角度、從二諦觀角度來論述的，即一切法緣會而生，一切法空無自性，真俗二諦圓融無礙。

二、「各性住於一世」故物不遷

僧肇引用了大量佛經來論證其物不遷之理，首先引《放光般若經》道：「法無去來，無動轉者。」在此，僧肇引用《放光般若經》來說明事物沒有生滅，無去無來，也沒有運動變化，為其物不遷主張作注釋。據唐代元康《肇論疏》記載：

竺法護前翻《大品》，名曰《放光》。以此經初廣明如來放光等事，即以為名也。彼經既云法無去來，何有生死交謝，複雲無動轉者，何有寒暑迭遷耶。

竺法護（西元二三一至三〇八年）認為，此經呈現如來廣大光明之像，所以取名為《放光經》。此經認為，法的本體是超越世俗知見的，沒有來去，也沒有生死變遷，也沒有運動，更沒有寒暑交替。如元代高僧文才《肇論新疏》說：

物即緣會諸法，謂染淨依正古今寒暑等。不遷即性空實相等，以緣生之物本性即空，空即實相故。

又說「法非生滅，非遷非不遷」。萬物之所以呈現運動變化、寒暑交替等像，是因為因緣聚會而生，而緣起性空，現象背後是「性空實相」。一切法本無生滅，也沒有動靜分別。

僧肇又引《道行般若經》說：「諸法本無所從來，去亦無所至。」僧肇以此說明一切事物既不從其他的地方來，也不會到其他的地方去；既然萬物不來不去，可知「物不遷」。元康《肇論疏》解釋道：「《道行》者，《小品般若》

也。叡法師小品序云，章雖三十，貫之者道。」《道行般若經》又稱《小品般若經》，是反映大乘佛教般若學的較早經典，全文共三十品。文才《肇論新疏》說：

緣集而來，來何所從；緣離而去，去何所至。如善財問慈氏云：此樓閣何處去耶？答曰：來處去也。解云，欲明其去先知其來，來不見源去亦何所，譬如寒暑相代，寒自何來暑於何去。是謂諸法如幻如化，當處出生隨處滅盡。

萬物因緣聚會而生，哪有來去的分別呢？正如善財童子問彌勒（慈氏）菩薩：樓閣到哪裡去了？彌勒回答：到來處去了。其實諸法因緣生，本無自性，譬如來去、寒暑，哪有確指呢？只是生滅一體，動靜一體而已。

僧肇又說：「中觀云：觀方知彼去，去者不至方。」元康《肇論疏》注道：

《中觀》者，《中論》一名《中觀論》，以此論中明觀因緣等法故也。然彼論中，無有此語，應是取〈去來品〉意耳。〈去來品〉云：已去無有去，未去亦無去；離已去未去，去時亦無去。今取此意，故云去者不至方也，斯皆即動而求靜以知物不遷明矣者。經云無來無去，論云無去，此之二文，皆是即去明無去，非謂離去有無去。即去無去，是謂不遷之義，一論之旨歸也。

元康解釋，《中觀》即《中論》，此論涉及大乘般若空觀教義。不過，在此論中，並沒有僧肇所說的「觀方知彼去，去者不至方」這一句，應當是取《中論．觀去來品》的意趣而自已總結的。〈觀去來品〉的意趣是說，從空性本體如如不動的角度來說，並沒有來去的分別。對於萬物而言也是如此，沒有動靜的分別，「物不遷」的本意即是如此。

僧肇還說：「《摩訶衍論》云：諸法不動，無去來處。」龍樹所作《釋摩訶衍論》指出，一切事物的本性都是寂然不動的，沒有來處也沒有去處這種分別。僧肇承認，從空間看，事物有其動態；但事物的「本性」超越時空的限制，並未移動。這裡，僧肇依據般若經論的萬物無所來去之理，來論證運動本身是假象，表面上是動，實質上沒動。

僧肇還引用了許多經典為例來論證物不遷之主張。僧肇說：「故仲尼曰：回也見新，交臂非故。」孔子（西元前五五一至前四七九年）有一次對弟子顏回（西元前五二一至前四八一年）說，在兩人雙臂交會這麼短暫的時間裡，我們就已經不是過去的那個人了。意思是強調，一切事物都在流變，沒有不變的表象。元康《肇論疏》注道：

《莊子．外篇．田子方章》云，孔子謂顏回曰：吾終身與汝交一臂，而失之，可不哀與。……今言交一臂而失之者，謂交一臂之頃，已失前人。……明知交臂之頃，前已非後，言誰遷耶？然前已非後，則是遷義，而言不遷者，此明無有一物定住，而從此遷向彼，故曰不遷也。

主角雖是孔子與顏回，但這一典故並非來自《論語》，而來自《莊子．田子方》。孔子對顏回說：我們一直並肩交臂偕行，若是失散，能不感到悲哀嗎？

不過，說彼此會失散的，大概只是看到表象；在雙臂交錯的那一瞬間前後，本來就有所不同。如果還在尋求那一段時間，這就像是在空市上尋求馬匹一樣，時尋找不到的。形象很快就會成為過去。這有什麼可憂患的呢？即使忘掉了我舊有的形象，我仍有著不被遺忘的東西存在。

所以說，對於萬物的表象而言，總是流變運動，而執著於表象是錯誤的。要追求表像背後「不遷」的本體，才是正確的方向。

僧肇又說：

聖人有言曰：人命逝速，速於川流。是以聲聞悟非常以成道，緣覺覺緣離以即真。苟萬動而非化，豈尋化以階道。覆尋聖言，微隱難測；若動而靜，似去而留。可以神會，難以事求。

《論語．子罕》云：「子在川上曰：逝者如斯夫，不舍晝夜。」孔子在江邊上看著滔滔的江水說，時間像流水一般晝夜不停地流逝，由此感慨人生世事變換之快。

僧肇則以此發揮：聖人有言告誡，生命短暫易逝，河流依舊奔流不息。所以，有人以聲聞的非常情境而悟道，有人從因緣離合的情境而悟道；假如不存在萬物的千變萬化，人們又怎麼能從這些變化中悟道呢？再返過來琢磨聖人之言，便會覺得其中極其微妙，幽隱之中亦含有無限深意。其微妙幽隱的情境就彷彿在動之中又彷彿在靜之中，彷彿逝去，彷彿駐留。這種情境可以自己心領神會，卻難以將之描述出來。元康《肇論疏》注道：

聖教自云人命逝速，即是遷義，何謂不遷耶？……且使萬物非是遷流變化，何由尋此無常遷化之理，而得道耶？

僧肇的意思是，聖人說人的生命消逝得比流水還快，聲聞眾領悟了萬物無常所以成道，緣覺眾明白了無常理而成真；如果認為萬物是只是移動而非無常變化，又怎麼能透過領會無常而成道呢？

僧肇作一結論：

然則，莊生之所以藏山，仲尼之所以臨川，斯皆感往者之難留，豈曰排今而可往？是以觀聖人心者，不同人之所見得也。

正因為動靜一如的道理，才有莊子「藏山」的說法，也才有孔子「臨川」的說法，其實都是感到了時光流逝、難以留住而發出的慨嘆；難道，只要把今天排遣開來就能回到往昔嗎？所以，雖然都是觀察聖人之心，不同的人卻有不同的見解。元康《肇論疏》道：

《莊子．內篇．大宗師章》云：夫藏舟於壑，藏山於澤，謂之固矣。然而夜半有力者負之而走，昧者不知也。《論語》云：子在川上曰，逝者如斯夫，不舍晝夜。……依向經論廣說不遷，恐儒道二家疑而不信，故引二文令其悟解耳。

莊子「藏山」的典故出自《莊子．大宗師》：

夫藏舟於壑，藏山於澤，謂之固矣；然而，夜半有力者負之而走，昧者不知也。藏小大有宜，猶有所遁；若夫藏天下於天下而不得所遁，是恒物之大情也。

這段話意思是說：把船藏在海邊岩壑裡，把山藏在大澤中，自以為非常安全了；但是，夜半之時，強有力者將山整座運走，愚昧的人還是不知道。無論是藏小或是藏大的東西，即使藏得很好，仍然有可能被整個搬走；然而，如果將天下就藏在天下裡，那就沒什麼可藏的。這正是萬事萬物常存的至理啊！

僧肇在這裡舉莊子「藏山於澤」的典故，來說明事物就算「藏」得再好，仍難逃流轉變化，但一般人卻毫無知覺；舉孔子《論語．子罕》「逝者如斯夫，不舍晝夜」的語言，來說明逝去的事物難以挽留，皆言物不遷之理。據此儒家、道家兩則典故，以讓人對深奧的佛理容易理解一些。

僧肇又舉了一個外國的故事為例：

是以梵志出家，白首而歸。鄰人見之曰：「昔人尚存乎？」梵志曰：「吾猶昔人，非昔人也。」鄰人皆愕然，非其言也。

文才《肇論新疏》注曰：

西域淨行梵志十五遊學，三十歸娶，五十入山，今言出家謂入山也。白髮復歸，鄰人以常情問之云：昔人尚在耶？見今問昔亦已誤矣，故梵志答之但似昔人，豈今之新吾是昔之故吾哉？鄰人不達隨變之理執，今白首是昔朱顏。

這個故事是說，有位西域梵志年少出家，直到滿頭白髮才回歸故里。過去的鄰居見到他歸來驚詫不已，問道：「你就是以前那個梵志嗎？」梵志回答說：「我就是以前那個梵志，但又並非當時的梵志了。」鄰居聽了這種回答都為之愕然，覺得他在胡說八道。

其實，這只不過是一般人不懂得梵志所說的道理罷了；因為，歸來的梵志還是鄰居認識的那個人，但身體外貌和精神思想都已經不是以前的那個梵志了。

僧肇又說：

> 夫人之所謂動者，以昔物不至今，故曰動而非靜；我之所謂靜者，亦以昔物不至今，故曰靜而非動。動而非靜，以其不來；靜而非動，以其不去。然則所造未嘗異，所見未嘗同。逆之所謂塞，順之所謂通。苟得其道，復何滯哉？

僧肇的意思是，凡人之所以認為事物在運動，依據就是過去的事物沒有來到現今，過去的事物仍留在過去，今天的事物已不是過去的事物了，所以說事物是運動變化的而非靜止不變的。我之所以說事物是靜止的，也是依據過去的事物沒有來到現今，過去的事物仍留在了過去，今天的事物已不是過去的事物了，所以說事物是靜止的，而不是運動變化的。認為事物是運動而非靜止的，依據是過去的事物沒有來到現今；而認為事物是靜止而非運動的，依據的則是現在的事物沒有回到過去。同一種現象，而所得到的看法卻不一定相同。惑者任情逆性而阻塞，悟者則任智順物而通達。

僧肇曾感嘆道：

傷夫人情之惑久矣，目對真而莫覺。既知往物而不來，而謂今物而可往。往物既不來，今物何所往？

僧肇認為，人們在常識中迷惑已經很久了，眼睛看著真相卻不能夠覺悟；既然知道過去的事物沒有來到現今，卻又說現今的事物可以回到過去。過去的事物既然不能來到現今，現今的事物又怎能回到過去呢？在僧肇看來，既然昔物不至今，今物也不至昔，事物即不來也不往；那麼，「各性住於一世」，故「物不遷」之理明矣。

僧肇還論證道：

求向物於向，於向未嘗無；責向物於今，於今未嘗有。於今未嘗有，以明物不來；於向未嘗無，故知物不去。覆而求今，今亦不往。是謂昔物自在昔，不從今以至昔；今物自在今，不從昔以至今。

這裡的意思是說，尋找過去的事物應該在過去，在過去它未嘗沒有；尋找過去的事物在現今，現今卻不會有。現今未嘗有，說明了過去事物並沒有來到現在；過去的事物在過去未嘗沒有，所以知道過去的事物並沒有離開過去；反過來說，現今的事物也不會回到過去。因此說，過去的事物只在過去，沒有從現今回到過去；現今的事物只在現今，不是從過去來到現今的。

換句話說，過去的事物僅存在並且也只能存在於過去的時間裡，所以我們也只能從過去的時間裡去尋求過去的事物，今物亦然。從前的事物仍在從前，所以從前的事物不去；現在無從前的事物，所以從前的事物不來。不去不來，是謂不遷。

僧肇又進一步論證說：

人則求古於今，謂其不住；吾則求今於古，知其不去。今若至古，古應有今；

古若至今，今應有古。今而無古，以知不來；古而無今，以知不去。若古不至今，今亦不至古，事各性住於一世，有何物而可去來？

僧肇指出，人們總是在現在尋找過去，因為他們認為事物是變化的；相反地，在過去中找現在，就能知道事物是不變的。為什麼呢？理由是，如果說現在的事物能到過去，過去的事物就應該包括現在的事物；過去的事物能延續到現在，現在的事物也應該有過去的事物。但實際上，「今而無古」、「古而無今」，現在的事物既不包括過去的事物，過去的事物也不包括現在的事物；可見，過去的事物不會來到現在，現在也不會回到過去。

所有這些論證都是為了證明「各性住於一世」，即事物各自停住於其所停住的時間段，過去的事物只存在於過去，現在的事物只存在於現在，將來的事物只存在於將來，三世之間並無遷變動轉，這便是「物不遷」的道理。

三、「如來功業不朽」故物不遷

僧肇說：

然則，四象風馳，璿璣電卷，得意毫微，雖速而不轉。是以如來功流萬世而常存，道通百劫而彌固。成山假就於始簣，修途托至於初步，果以功業不可朽故也。功業不可朽，故雖在昔而不化，不化故不遷。不遷故，則湛然明矣。

元康《肇論疏》注曰：

皆前功不朽，後功相續，方成其事耳。雖在昔而不化者，昔功在於昔；於昔不失，故云不化，不化故云不遷。以不遷故，事如常在，故曰湛然也。

這段意思是說，有四時物象如風一般過往，似斗轉星移，雷電狂作。所有這些現象，只要能理解到其中的微妙本質，不管運動得再迅速，都能夠明白本質的不轉不遷。所以說，如來的功德雖然萬世流遷而常存，大道歷經千萬億年也愈加堅固。以土堆積成山，總得從積起的第一筐土開始；長途跋涉到達終點，總得從走出的第一步開始，這都是因為功業不會朽壞的原因。正因為功業永不朽腐，所以存在於過去的功業就會存在於過去；既不會化為朽腐，也不會變動遷移。「不遷」的另一層道理也就很清楚了。

僧肇於此又講明了寫〈物不遷論〉的目的之一，就是為了證明如來功流萬世而不朽，功業常存；如此一來，人們亦可效法如來，積跬步而致千里，累小德以成大功。

四、「因果無俱」故物不遷

僧肇還從因果關係方面來說明「不遷之致」道理。僧肇說：

果不俱因，因因而果。因因而果，因不昔滅；果不俱因，因不來今。不滅不來，則不遷之致明矣。何復惑於去留，踟躕於動靜之間哉！

元康《肇論疏》注道：

因果不同處，故曰不俱。由因而得果，故云因因而果也。因不昔滅者，在昔不滅；因不來今者，昔因不來至今果也，不滅不來則不遷之致明矣者。既不滅失，又復不來，故言不遷也。

這一段話的大致意思是說，原因和結果不同時存在，結果由原因產生，果時無因，由因生果。由因生果，所以因在昔而不滅；果時無因，所以因不來於今；因既不滅於昔，也不來於今，則事物不遷流的道理也就清楚了，還有什麼可疑惑於去留，猶豫於動靜之間的？

僧肇認為，有因（原因）時並無果（結果）。果成時，因即已成過去；因雖成過去，但卻未泯滅。因自為因，果自為果；當為果時，因已不來。如此「因不滅不來」，就是不遷的道理。這裡雖就因果而論，實際所說仍然是今昔問題：因在昔而不滅，於今言則不來，故因果不可能同時俱有（因果無俱）。

僧肇關於因果關係的論述，隱含著一個證明，即用「物之不遷」來說明因果不滅，從而說明了三世因果的必然存在性，以及通過種善因、明本性而修行成佛的可能性。

〈不真空論〉探微

僧肇將大乘空宗的般若「空」解釋為「不真空」。在僧肇之前，對於空的解釋有「六家七宗」之說，僧肇認為這些學說都有所偏頗，故作〈不真空論〉。

一、萬物「無生」故「不真」

僧肇在此論開篇提出了「無生」的概念：

夫至虛無生者，蓋是般若玄鑑之妙趣，有物之宗極者也。自非聖明特達，何能契神於有無之間哉？

到了虛無之極點，則諸法畢竟無生，這是般若中道觀的微妙理趣，是宇宙萬物的最高真理。如果不具有聖人超越的智慧，怎能對有無之間的關係有深刻的體會呢？

元康《肇論疏》對此注曰：

言至虛無生者，即無生畢竟空，真境也。……謂此無生畢竟空，是般若所鑑之境，萬物之宗本也。

元代文才《肇論新疏》則注曰：

勝義無上曰至，有無一異等俱離曰虛。無生者，謂緣集諸法非自、非他、非共，亦非無因、亦非作者。

簡言之，般若空觀的核心就是：萬物並無自性，因緣而生即無生。

守培法師（西元一八八四至一九五五年）於其《無生論》曾說，有的人認為萬物是從自然界產生的（自生），有的人認為物體是從他物產生的（他生），或者認為共同產生（共生），或認為產生沒有原因（無因生），還有人認為從幽冥中產生，從梵天中產生等，這些都沒有明白萬物的實相。並在《緣生法闡祕》中指出，這些種種考慮，總體還是相弄明白人到底來自哪里，不甘於醉生夢死，所以佛陀將其一概稱之為外道，沒有明白正確的道理。他在《無生論》中指出：

佛說一切法從因緣生者，緣生無性，正示生無所生也。望文生義者，以為佛亦說生，此未解佛所說義也。外道亦說諸法從因緣生，義謂因緣能生一切法，此與佛說名同而義實相反。以彼但說緣生，不說緣生無性，故不同也。

守培法師認為外道對於生滅之理的理解都不正確。例如，同樣對於「一切法從因緣生」的說明，外道認為「因緣能生一切法」，從字面上看與佛法相同，但內在含義卻正好相反。因為，佛教所說的是「緣生無性」、「緣起性空」，這一點恰好是外道不能理解的。

僧肇在這裡提出「無生」的概念，是採取中觀學理論。中觀的因緣生是否定自性生的，也就是從根本上否定有一個派生者的本體存在；因此也可以說，因緣生就是無生。正如《中論》所說：「若果從緣生，是緣無自性」。依中觀的思想，執念有一實體或自性的存在，是一切戲論的根源。所以說「生即無生，無生即生」，萬物不生不滅、不常不斷、不一不異、不來不去，是如來真實義。

僧肇在〈不真空論〉的開始便提出了「無生」這一概念，就是反對傳統以來中國哲學本源、實體生成論的思維模式，也將自己與當時流行的「六家七宗」區別開來，可謂是切中肯綮。

二、萬物「不異」故「不真」

僧肇說：

是以聖人乘真心而理順，則無滯而不通；審一氣以觀化，故所遇而順適。無滯而不通，故能混雜致淳；所遇而順適，故則觸物而一。

因此，聖人用般若性空的智慧去應對萬物就不會有所障礙；以此般若智慧觀照萬物化生，就不會與境界發生牴觸。正因為無所滯礙，所以能透過複雜的現象而達到純一的真理；不與境界發生牴觸，所以就能觸物而明白真理。文才《肇論新疏》注曰：

諦審一氣之性以觀萬化，則凡所對遇無不順性而契合。如此雖極目觀色，無非實相，縱耳聆音反聞自性，豈惑聲色而為制哉。……即緣生諸法也，以從緣非有，緣起不無。故觸物皆一，一即第一真諦也。

意思是說，聖人憑藉般若智慧而明萬物性空之理，則無有滯礙而不通暢；若能審明萬物緣起無生這一實性，所逢遇皆以般若觀之，知其全無自性皆空，無有滯礙，是則萬法一相，也即無相。

僧肇又說：

萬象雖殊，而不能自異。不能自異，故知象非真象；象非真象故，則雖象而非象。

萬象雖有差別而不是自性差別；既然萬象不是自性差別，故知萬象不是真象。萬象既不是真象，所以，萬象雖然存在，也只不過是空無自性的假象罷了。

元康《肇論疏》注曰：

所逢遇皆以般若觀之，知其皆空，無有滯礙，是則萬法一相無相也，如此則萬象雖殊而不能自異者。既同一相，所以不異也，不能自異故知象非真象者。一相無相，所以象即非象。

這段是說，森羅萬象，千差萬別，但這並非事物本身所固有的。由於事物本身都是無自性的、性空的，事物在表面上雖千差萬別，但事物之間在本質上並沒有什麼區別。既然萬物無所謂差別，這樣就可知事物的表象並不是真象，事物的存在是不真實的，不真即「空」。

如何看待事物之間的差異，僧肇依據中觀思想說道：

物無彼此，人以此為此，以彼為彼，彼亦以此為彼，以彼為此，此彼莫定乎一名，而惑者懷必然之志。然則，彼此初非有，惑者初非有。既悟彼此之非有，有何物而可有哉？故知萬物非真，假號久矣。

僧肇說明，事物之間本沒有彼此的分別，只是人們把此當作此，把彼當作彼，或者把此當作彼，把彼當作此，彼與此本沒有固定的說法，而迷惑的人硬認為它們之間有區別。既然彼與此不是原來就有的，事物的差別是人們主觀加上去的，還有什麼事物可以認為是「有」呢？又有什麼事物是真正存在的呢？由此可知，事物並非真有，只是假名而已。

簡言之，僧肇認為，事物的差別不過是人們強加上去的，事物在本質上都是相同的；現象世界是虛幻的，因而事物的存在都是不真實的、是空的。

雖說事物的存在不是真實的存在，但事物也並非真不存在。在這一點上，僧肇不同於何晏、王弼，也不同於「六家七宗」的本無宗，僧肇強調在般若性空原理下的「有」、「無」統一。僧肇說：

萬物果有其所以不有，有其所以不無。有其所以不有，故雖有而非有；有其所以不無，故雖無而非無。雖無而非無，無者不絕虛；雖有而非有，有者非真有。若有不即真，無不夷跡，然則有無稱異，其致一也。

然而，萬物卻有它所以不是實有的一面，亦有所以不是實無的一面。正因為萬物有所以不是實有的一面，所以萬物雖存在而不是實有。有它所以不是實無的一面，所以萬物雖消失而不是實無。萬物雖消失而不是實無，因為此處所謂的無，不是絕對的空。萬物雖然存在，而不是實有；因為，這裡所謂的有，不是絕對的有。如果「有」不是實有，「無」不是行跡全消；那麼，有和無雖名稱不同，其根本還是一樣的，都是空的。

三、萬物「名實無當」故「不真」

僧肇還以「名」與「實」的關係來論證「不真空」之理。僧肇說：

> 夫以物物於物，則所物而可物；以物物非物，故雖物而非物。是以物不即名而就實，名不即物而履真。然則真諦獨靜於名教之外，豈曰文言之能辯哉？

這段是說，用物的名強加於物，則被定名的，都可稱為物；用物的名加之於非物，則非物雖被冠以物名，實際上並不是物。可見，物並非因具有物的名就合乎物的實；同樣地，名也非因其加之於物就成為真實。

僧肇認為，在認識論領域，以物的概念（名）去認識物，物並沒有和名相符合的實；以物去求名，名也沒有代表物的功用。「名」與「實」不相符，「實」與「名」也不相符。「名」、「實」既互不相符，哪裡還有真實的萬物存在呢？

在此，僧肇通過揭示名（概念）的主觀性以及名實之間的矛盾，來論證萬物（現象）存在的虛假性。

僧肇接著說：

夫以名求物，物無當名之實；以物求名，名無得物之功。物無當名之實，非物也；名無得物之功，非名也。是以名不當實，實不當名，名實無當，萬物安在？

此處意思是說，物沒有和「名」相當的內容，「名」自然沒有反映物之「實」的功能，「名」和「實」互不相當。既然「名」不符「實」，則所謂的萬物只不過是假名，世界上哪有所謂真實的事物存在呢？人們不能由於物的假號（名）而就認為諸法色相為真。僧肇又引用《放光（般若）經》說：「諸法假號不真，譬如幻化人；非無幻化人，幻化人非真人也。」據此，他得出結論「萬物非真，假號久矣」。

僧肇的這種看法，對於魏晉玄學對「名相（名號）」之注重，無疑是一種批判。

四、萬物「自虛」故「不真」

在〈不真空論〉中，僧肇三次提到了「即萬物之自虛」，深刻地認識到了大乘空宗「萬物虛假不真」的思想。僧肇說：

是以至人通神心於無窮，窮所不能滯，極耳目於視聽，聲色所不能制者，豈不以其即萬物之自虛，故物不能累其神明者也？

意思是說，聖人以超越的智慧探究無限的領域，不會受到任何障礙；接觸一切耳目聲色之外界事物，不會受到任何局限。這正是由於聖人把萬物看做本來就是虛無的，從而外物不能干擾他超凡的智慧。這裡所謂「神心」、「神明」，是指聖人所具的般若智慧；也就是說，只有通過般若智慧才能認識到萬物虛假不真的本性，只有認識了萬法虛假不真，才能游刃於無窮而不為外物所制。

僧肇又說：「聖人之於物也，即萬物之自虛，豈待宰割以求通哉？」意思是說，聖人對於事物的態度，是認為事物本來就是不實在的，自性空寂，並非經過思維剖析、步步切割來實現通達的。

換言之，僧肇認為色的本質就是空，色和空本是同一件事情的兩個方面，並不是色滅之後才現空。空不在色外，並不是把色分割之後才有空，而是要直接就萬物自身看出它的本性空無。因此，有和無、空和色的關係就是相即不二的關係。如果把有說成實有，把無說成實無，無和有的關係就變成了相互排斥的關係，而不是即有即無的關係。所以僧肇說：

是以聖人乘千化而不變，履萬惑而常通者，以其即萬物之自虛，不假虛而虛物也。

聖人之所以能隨順事物的千變萬化而不改變對其本質的看法，遭受無數的紛擾而毫不迷惑，是因為他們已經認識到了萬物自身本空的道理，而不是借助於對事物的步步剖析才認為它們是虛幻的。

在僧肇看來，「不真空」的「空」就是指「萬物自虛」，它的形象就是「潛微幽隱」，此形象非一般人的見解所能徹知，只有以般若聖智才能認識到萬物本空，故僧肇以「自虛」來說明諸法空相的不真空義。

五、萬物「緣起」故「不真」

所謂「緣起」，就是說事物由因緣而起，因緣則是指構成事物的諸般因素和條件。佛教用緣起的觀點說明世間一切現象，認為事物都是由一定的因素和條件和合起來的結果；因緣聚合則事物生起，因緣離散則事物壞滅，事物皆由一定的因素和條件而形成，沒有獨立的自體（自性）。僧肇認為，事物為緣起，就表明事物並非真實的存在。僧肇說：

> 夫有若真有，有自常有，豈待緣而後有哉？……若有不能自有，待緣而後有者，故知有非真有。

就是說，事物如果是「真實存在」的，它一定是獨立的和永恆的，不依賴於因緣條件的支持；如果事物不能獨立，而要依賴於因緣條件的支持，那麼它就不是真實的存在。

僧肇又借用佛經說理：「《中觀》云：物從因緣故不有，緣起故不無。」如《中論》所說，物從因緣生，所以不是實有；它又是因緣而起，所以又不是實無。僧肇又說：

故《摩訶衍論》云：一切諸法，一切因緣故應有；一切諸法，一切因緣故不應有。一切無法，一切因緣故應有；一切有法，一切因緣故不應有。

所以《釋摩訶衍論》說，一切諸法，從因緣和合的關係來說，都可以是既存在，又不存在；一切「無法」也是這樣。

總而言之，按照僧肇的觀點來看，一個事物是否真實，就在於它是否具有獨立性和永恆性；凡是獨立、永恆地存在的事物就是真實的，否則就是虛假的。而要判斷一個事物是否具有獨立性和永恆性，那就看它是否依賴於因緣，凡是依賴於因緣才能生起的事物就不是獨立、永恆的，凡是不隨因緣的聚合離散而生滅變化的事物就是獨立、永恆的。既然佛教的經論裡已經充分說明萬物依賴於因緣，那就足見萬物不能獨立、永恆地存在，只是假有，所以不真，即「空」。

〈涅槃無名論〉探微

僧肇所處的時代，正是佛教經典被大量系統地譯介到中國、國人對佛教認識水準逐步提高的時代。僧肇繼承了大乘般若學緣起性空的基本理論，他的涅槃觀念也以緣起性空理論為基礎。

僧肇關於涅槃的思想與前人的最大不同在於，他特別強調了「涅槃無名」的思想，強調了有餘涅槃、無餘涅槃的本質相同，還強調了不用刻意避開世間也能證道涅槃的道理，從而做到了世間、出世間的圓融不二。

一、不離世間而證涅槃

在鳩摩羅什入長安傳譯中觀般若學以前，中土早已有「六家七宗」般若學的流傳；不過，這並不是符合印度般若學緣起性空宗旨的般若學。由於六家七宗不能正確處理本體與現象間的關係，所以在理論上都存在著脫離現象方得涅槃的傾向，也很難解決入世、出世之間的矛盾。

鳩摩羅什入長安後，致力於翻譯與傳播印度中觀般若學，其翻譯的佛經準確反映了印度中觀般若學的本來面貌，這對六家七宗般若學造成了巨大衝擊。僧肇師事羅什，對中觀般若學有其獨到的領會，同時又未放棄以佛學融合玄學的立場。他非常關注涅槃問題，認為六家七宗般若學都未能正確處理這一問題；因此，在大乘般若學的基礎上，結合玄學的一些名詞概念，對佛教涅槃觀念作了全新的闡釋。

《肇論．宗本義》曰：「本無、實相、法性、性空、緣會，一義耳。」這顯然是在闡述中觀般若學緣起性空的理論。在僧肇看來，本無、實相、法性、性空、緣會，皆是含義相同的概念，因為它們指向的都是般若空性。緣起與性空也就是現象與本體的關係。緣起是現象，性空是本體；緣起與性空不二，也就是現象與本體不二。而本體與現象不二，也即體用不二。僧肇說：「道遠乎哉，觸事即真。」這說明了本體之道，決不是超出現象界之外，而宇宙萬物實不離真體，與實相不二。

在僧肇看來，既然本體與現象不二，所以聖人證道亦可不離現象，觀性空而得道：「聖人之心，為住無所住矣，三乘等觀性空而得道也。」〈涅槃無名論．奏秦王表〉曰：

> 夫眾生所以久流生死者，皆由著欲故也；若欲止於心，則無復於生死。既無生死，潛神玄默，與虛空合其德，是名涅槃矣。

眾生之所以迷惑，是因為總是在「生死」的現象裡流轉的緣故，這些都是由於貪著於欲望造成；假若此心止欲，就不會再有什麼「生死」之事了。既然不再有「生死」事，便可以潛心進入玄妙的靜默狀態，與虛空合其德。如此就可以將其稱之為「涅槃」。

僧肇以體證到性空本體為涅槃，符合印度大乘中觀涅槃學的宗旨。僧肇主張即體即用的本體論，所以在他看來「與虛空合其德」的涅槃境界是不離世間的。《涅槃無名論》舉《維摩詰經》（又稱《淨名經》）為經證云：

《淨名》曰：不離煩惱，而得涅槃；天女曰：不出魔界，而入佛界。

不用刻意避開煩惱，也可以證道涅槃；不用刻意出離魔界，也可以進入佛界。其根本道理在於不執著於煩惱或魔界，看破一切，放下一切，自然能進入虛靜玄奧的悟道境界。

在《注維摩詰經》中，僧肇則運用佛教的不二法門來解釋涅槃與世間的不二。他說：「縛然，生死之別名；解滅，涅槃之異稱。」這就是說，煩惱（「縛」）即生死的別名，而煩惱的解脫（「解滅」）即涅槃。僧肇又說：

> 斷淫怒癡，聲聞也；淫怒癡俱，凡夫也；
> 大士觀淫怒癡即是涅槃，故不斷不俱。

在僧肇看來，對於邪淫（或言「過度貪著」）、瞋怒、愚癡這三種根本惡性來說，斷除淫怒癡的，是聲聞修行者；無法斷除的，則是凡夫俗子；至於菩薩道，則觀淫怒癡即是涅槃，涅槃與煩惱不即不離，不斷不俱。換言之，大士（菩薩）與聲聞、凡夫的區別就在於能否做到「觀淫怒癡即是涅槃」；能觀者即大士，不能觀者（或斷、或俱）則為聲聞、凡夫。

而之所以有淫怒癡與涅槃之別，是因為聲聞、凡夫有自我的迷執；而大乘菩薩能破除對自我及諸法的迷執，於淫怒癡（或生死）當下即得涅槃。

總之，僧肇認為涅槃不離煩惱；認識到煩惱性空，則當體即得涅槃。相對於「六家七宗」割裂本體與現象的涅槃思想，僧肇不離世間而得涅槃的學說，可稱為「即體即用」的涅槃學。它解決了本體與現象、世間與出世間的關係問題，為以佛學融合玄學打下了基礎，也為儒釋道三家的融合提供了理論依據。

那麼，人們是如何由凡入聖，獲得對涅槃的證悟呢？或者說，聖人是通過什麼樣的途徑而達到涅槃境界的呢？

僧肇認為，若能斷除有分別的煩惱識心，放空心靈，以般若智慧觀照萬事萬物的空性本質，即可由此在的人生超升入涅槃境界。〈涅槃無名論〉曰：

然則，玄道在於妙悟，妙悟在於即真；即真即有無齊觀，齊觀即彼己莫二。

所以天地與我同根，萬物與我一體。

這就是說，從煩惱而入佛界的關鍵在於「妙悟」玄理。妙悟者，即以直悟智慧當下契入性空本體。妙悟就能即真；即真就能消除主客對立的分別識心，進而有無齊觀，物我為一，達到「天地與我同根，萬物與我一體」的境界。這樣一來，主客合一，內外相泯，彼此寂滅，也就達到了佛教所說的涅槃境界。

僧肇對涅槃境界的描述，顯然具有老莊玄學的色彩。莊子在《莊子．齊物論》中說，聖人能超越常人的是是非非，達到「天地與我並生，而萬物與我為一」的齊物境界。莊子說，道在萬物，聖人得道而達到無待的自然之境，所以莊子講「獨與天地精神往來而傲倪於萬物，不譴是非以與世俗處」，即獨自與天地大道相往來，但並不傲視萬物，也不拘泥於是非，而能夠與世俗和諧相處。注《莊子》的郭象（西元二五二至三一二年）更是主張「夫聖人雖在廟堂之上，然其心無異於山林之中」，意即聖人雖然在朝堂之上做官，但是心靈超越，無異於在山林之中修道。僧肇在〈不真空論〉中也說：「然則道遠乎哉？觸事即真。聖遠乎哉？體之即神。」由此指出，大道並不遠，接觸萬物就可以體悟大道。成聖亦不遠，體證了大道就能成為聖人。這與老莊玄學的即世超越的思想頗為相似。

僧肇所講的涅槃是聖人境界；聖人並非是（人格神崇拜似的）神靈，而是「理」的體現者，「非理不聖，非聖不理。理而為聖者，聖不異理」。聖人以體道為本，體道即神。但這並非意味著，僧肇所說的涅槃就是老莊玄學的聖人之境；這是因為，二者對道體及萬物的存在性質有著根本不同的看法。

比如，莊玄道家肯定萬物的實有，而道則是自然的生命本體（道、氣合一）；但僧肇仍然堅持了萬物假有性空之說，所謂道，不過是無相之真諦。僧肇雖然將玄學聖人境界融會於佛教涅槃觀念中，從形式上來看類似於「六家七宗」般若學的做法；但是，僧肇對二者的融會，是在貫徹緣起性空佛法原則下所作之創造性的理論發揮，本質上仍屬於佛教的解脫論，並不等同於玄學的聖人境界說。

由此可見，僧肇是用類似於老莊玄學的語言來表達佛教般若學的涅槃思想；當然，從中也可以看出僧肇佛學與老莊玄學之間的相通性，這是僧肇融會佛玄、會通華梵的結果。雖然，從概念名詞上來說，似乎不完全是正統的印度佛教解脫思想，而體現出與老莊玄學聖人說思想的合流；這也有僧肇隨順機緣，以善巧方便度化眾生的意思在裡面。

二、關於「涅槃無名」的說明

作為佛教聖人之境的涅槃，是什麼樣的境界呢？人們能否用語言概念去把握、認識它呢？僧肇認為，涅槃是非有非無、超言絕象的修行境界，不即世間又不離世間；對於普通人來說，涅槃則是一種不可思議的、神祕的精神境界。僧肇描述涅槃境界說：

> 夫涅槃之為道也，寂寥虛曠，不可以形名得；微妙無相，不可以有心知；超群有以幽升，量太虛而永久。

這就是說，涅槃之境寂寥虛曠，沒有形相，不能心知，視之不見，聽之不聞，若存若亡。有無、形相都只能描述相對的經驗世界，也即現實的生死世間；涅槃則超越了生死世間，是聖人所得絕對真實的體道之境。從這個意義上來說，涅槃不可言說，是超越名詞概念的，因而是「無名」的。

僧肇說：

然則，有無雖殊，俱未免於有也。此乃言象之所以形，是非之所以生，豈足以統無幽極，擬夫神道乎？是以論稱出有無者，良以有無之數，止乎六境之內；六境之內，非涅槃之宅，故借出以祛之。

然而，「有」和「無」雖有所不同，談「有」和「無」卻是屬於俗諦之「有」的範圍裡的事情。這是因為，如果要對萬物形象進行描述，就必然與形相發生關聯；要對「是」或者「非」進行描述，就必然與「生」發生關聯。如此怎麼能將最幽微的一切統一起來呢？怎麼能描述神奇奧妙的大道呢？

對萬事萬物的有無，當然最好能夠對其進行準確說明；但是，無論如何準確說明，都離不開色、聲、香、味、觸、法「六境」。而六境以內的範圍，卻並不是涅槃的境域；涅槃是假借六境的範圍又不在其中的道法。因此，僧肇主張聖人必須超越語言名相的束縛，以得意忘言的「妙悟」方式，方能體證這物我冥一的涅槃聖境。此正是僧肇所倡說的「涅槃無名論」。

然而，普通人不能理解涅槃無名之說；因為，在一般人看來，一切事物都可以用名稱來表達，名與實有一一對應。涅槃作為一種存在，應是有名而不是無名。〈不真空論〉云：「是以名不當實，實不當名；名實無當，萬物安在？」在僧肇看來，名只是人的言語施設，有很大的隨意性，所以名未必能夠代表實；反過來，物本身的特性，也未必如名所指。既然名實不相應，就不能認為涅槃之名有實可指。

當然，這並非意味著涅槃聖境不是真實存在。在僧肇看來，涅槃是聖人證入的超越境界，是形而上的真實存有，而不是世俗的緣起假有。如果在世俗有的層面上可以說名實相應的話（假名對假有），涅槃聖境由於不是世俗假有，所以根本不能用名言概念（假名）來表達，就如〈不真空論〉所云：「然則，真諦獨靜於名教之外，豈曰文言之能辯哉？」

任何經驗世界有限的形相、名稱都不能表達這無限的本體境域；而涅槃有名論者認為涅槃有形有名，其實是犯了以有限來表達無限，以相對來表達絕對的錯誤，無論如何也達不到認識的目的。這是因為，名與形皆指向有限的、相對的經驗事物；而涅槃無名無形，怎能以有限、相對的形與名來表達無形無名（無限）的涅槃呢？

僧肇的「涅槃無名」之說涉及魏晉玄學中的名實關係問題；名（名稱）實（實在）關係，即是言（語言）意（本質）關係。

魏晉時期，關於名實、言意關係問題，有兩種不同的看法。一是主張「言不盡意」，即言不能表達意，其代表人物有荀粲（西元二一〇至二三八年）、蔣濟（西元一八八至二四九年）、嵇康（西元二二四至二六三年）。另一則是主張「言盡意」論，其代表人物有歐陽建（西元二六九至三〇〇年）。「言盡意」論者一般主張超越語言的聖境、道體不可言說；「言不盡意」論者則主張名實相應，言能指事。這兩種主張，在佛學領域就表現為「涅槃有名」論與「涅槃無名」論的對立。

僧肇顯然站在「言不盡意」論者這一邊，主張涅槃聖境不可言說。從表達方式上來說，僧肇甚至借用了玄學中言不盡意論者的語言來表達涅槃無名之境，如他說證涅槃之境是「托情絕域，得意忘言」。

從僧肇對涅槃無名的論述，我們可以看出，僧肇佛學與玄學中的言不盡意論都認為最高的聖境不可言說。老莊玄學所講的「滌除玄鑑」、「心齋」、「坐忘」、「無心」等方式，以及佛學中的般若之知都是某種直觀式的體悟。在證入最高聖境的方式上，佛學與玄學有相通之處，只是佛學所說更為徹底。

三、關於「有餘涅槃」和「無餘涅槃」的說明

僧肇之前所翻譯的佛教經論中，有「有餘涅槃」和「無餘涅槃」的區分。一般而言，有餘涅槃意指，雖然悟道，但身體還在；無餘涅槃則指，悟道後連身體可隨之自在捨棄。

僧肇認為，涅槃無名無形，諸經中所謂有餘涅槃、無餘涅槃之名者，實不是本真之名，而只是佛陀教化眾生的方便說法而已。〈涅槃無名論〉云：

經稱有餘涅槃、無餘涅槃者，秦言無為，亦名滅度。無為者，取乎虛無寂寞，妙絕於有為；滅度者，言其大患永滅，超度四流。斯蓋是鏡像之所歸，絕稱之幽宅也。而曰有餘、無餘者，良是出處之異號，應物之假名耳。

涅槃諸經裡多有「有餘涅槃、無餘涅槃」這樣的說法，漢地（秦）的學人將涅槃稱之為無為，或者稱之為滅度。所謂「無為」，來自於虛無、寂寞、妙絕等觀念，以區別於有為。所謂「滅度」，說的是修行人可以斷除對身體的執

著，去除阻礙大道修行的禍患，進入超越「四流」（欲流、有流、見流、無明流）的永恆境界。所以，滅度的境界也就是佛學上所說之觀照萬物的必然歸屬，就像是一座斷絕萬物執著的幽玄居處。

至於「有餘」和「無餘」的說法，其實指的都是同一種境界，只是有不同的名稱而已。當其與萬物產生聯繫時就可以稱之為「有餘」，也就是通常所說的「有」；當其不與萬物產生聯繫時就可以稱之為「無餘」，也就是通常所說的「無」，只是假名而已。

什麼是有餘涅槃？僧肇解釋說：

有餘緣不盡，餘跡不泯，業報猶魂，聖智尚存，此有餘涅槃也。

雖然已經大徹大悟，但是還有業報身體，與身體相連的緣分還沒有結束，還有外在跡象不曾泯滅，如同魂魄必定附存於身中一樣，業報也必定附存於身。這種聖智尚存的涅槃之境，就可以稱之為有餘涅槃。

什麼是無餘涅槃？僧肇解釋說：

無餘者，謂至人教緣都訖，靈照永滅，廓爾無朕，故曰無餘。

所謂無餘涅槃，指的是悟道的至人，使得世間因緣皆得止息，甚至連在有餘涅槃中依然存留的觀照意識也不再存在，一併消失於寥廓的永滅之境，無有任何痕跡和徵象，所以被稱之為無餘。

對於有餘涅槃和無餘涅槃的區分，僧肇認為：

真解脫者離於言數。寂滅永安，無始無終，不晦不明，不寒不暑；湛若虛空，無名無說。《論》曰：涅槃非有，亦復非無；言語道斷，心行處滅。尋夫經論之作，豈虛構哉？

真正獲得解脫的聖者一定是超越語言名相之束縛的，這種境界可以勉強描述為：寂滅永安、無始無終、不晦不明、不寒不暑；如同纖塵不染的虛空，既無法予以命名，也無法加以言說。《中論》說：涅槃既不是有，也不是無，而是一種無名之境；這種境界無法用語言來表達，也無法用思維去推測。仔細琢磨經文的論述，可知其並非虛構之言。所謂究竟之真理，言語道斷而不可言說，心念之處滅而不可思議啊！

僧肇又說：

斯乃希夷之境，太玄之鄉，而欲以有無題榜，標其方域，而語其神道者，不亦邈哉！

涅槃之境就是所謂的「希夷」之境、「太玄」之鄉。所以，「涅槃」不是可以用貼上「有餘」或者「無餘」的標籤，就可以將其「方域」明確分辨出來的；如果非要以言語來表述其中的神妙道理，那不就太虛無縹緲了嗎？

「希夷」二字源自老子《道德經．十四章》：「視之不見名曰夷，聽之不聞名曰希。」意指一種形神俱忘、虛寂玄妙的境界。

「太玄」二字源於西漢揚雄（西元前五十三至西元十八年）所著《太玄經》。

太玄之鄉，指的是作為宇宙萬物本體的太玄之境。

僧肇在這裡引用希夷之境、太玄之鄉，以說明涅槃境界根本不能言說、不能區分，有餘涅槃和無餘涅槃只是同出而異名罷了。

總而言之，作為傳世經典《肇論》來說，充分反映了僧肇卓絕的佛學思想，對後世影響極大。從論證方式來看，僧肇儘管傳承了鳩摩羅什的大乘般若學理論，但在論述佛教般若、空性、涅槃等觀念時，經常使用魏晉玄學的名詞，並在義理上努力會通魏晉玄學與般若學的諸多觀念。考慮到僧肇早年研習老莊玄學的經歷及其所處的玄佛合流的背景，很顯然，僧肇是試圖用玄學語言來表達當時人們尚不熟悉的大乘佛教般若中觀思想；事實證明，僧肇的這種論說方式對於促進玄佛合流非常有效。

經過僧肇及其他高僧大德的不斷努力，從西域傳入中土的佛教思想最終得以被社會上的知識分子所理解，進而逐漸被儒、道兩家所接受，最終實現了佛教中國化（漢傳佛教）的進一步發展。

【註釋】

註一：所謂「欲流」，欲就是指五欲。眼睛看到外面種種美麗的或奇怪的事物，心裡就會想著念念不舍；耳朵聽到種種美妙的或奇怪的聲音，心就會隨著聲音起伏不定；鼻子聞到香臭辣辛種種味道，心就會隨著各種味道而分析想像；舌頭嘗到濃淡甜苦各種味道，心便會沉溺耽染其中；身體碰到細滑冷暖等各種感觸，心就會產生喜惡貪戀。由於心隨境轉，就會落入五欲境界當中，流轉生死。

所謂「有流」，指的是執著於「三有」（欲有、色有、無色有）。因此欲界、色界、無色界的眾生，不論果報為何，仍在六道中，各隨所做善惡之業，感善惡之報，而流轉生死。

所謂「見流」，指的是見解上的錯誤。一般人對於世界是常還是無常，世界有邊或無邊，乃至此身是我還是非我等，有種種顛倒錯謬的見解，從而使得墮落六道，不能解脫。

所謂「無明流」，指的是心被貪、瞋、癡、慢、疑種種煩惱遮蔽了本性，沒有正確的見解，也不追求正確的見解，無法得到解脫。

註二：對於「有餘、無餘」涅槃，還有不同的定義——

就大乘說：變易生死之因盡，謂之有餘涅槃，變易生死之果盡，而得佛之常身，謂之無餘涅槃。（凡夫之生死謂之分段，菩薩之生死謂之變易）

就大小相對說：小乘之無餘涅槃，尚有惑業苦三道之殘餘，故云有餘；大乘之無餘涅槃，究竟而無殘餘，故云無餘。

貳・對佛教中國化的影響

（僧肇）於體用問題有深切之證知，而以極優美、極有力之文字表達其義，故為中華哲學文字最有價值之著作也。

佛教最初傳入漢土的確切年代已經很難考證，但還可從諸多典籍中進行推測。目前較為統一的看法是，漢明帝（西元五十七至七十五年）以前佛教已經開始傳入。

佛教何時傳入漢土

依據文獻流行的次第，可舉出十種資料對佛教何時傳入漢土加以考證——

其一，曹魏魚豢所撰《魏略．西戎傳》有「伊存授經」的典故：「昔漢哀帝元壽元年（西元前二年），博士弟子景盧受大月氏王使伊存口授浮屠經」（見《三國志・魏志・卷三十裴松之注》）。其後《世說新語・文學篇》劉孝標注、《魏書・釋老志》等也引用此文而略有出入；例如，《魏書》作博士秦景憲；唐法琳《辯正論》又作「秦景至月氏，其王令太子口授浮屠經」，有類趙宋董逌《廣川畫跋》卷二所引《晉中經》之說。

上述之說雖略有出入，但相同內容為，漢哀帝（西元前七至前一年）期間，大月氏（西元前二世紀中亞地區的遊牧部族）伊存（或太子）向漢朝使臣（博士弟子景盧或秦景）口授「浮屠經」。「浮屠」是梵文 Buddha 的音譯，後世也譯作「佛陀」，就是人們常說的「佛」。所以，《浮屠經》實際就是《佛經》，主要講述釋迦牟尼一生的故事，同時還介紹了釋迦牟尼的莊嚴相好，這些特徵在後來傳入的佛典中被歸結為三十二相（比較顯著的特點）、八十種好（不太顯著的特點）。此外，經中還講了一些佛教的基本教理。

其二，東晉哀帝興寧三年（西元三六五年）習鑿齒與道安書云：「自大教東流四百餘年」（《高僧傳．卷五》）。其後，王謐答桓玄書也說：「大法宣流為日諒久，年逾四百，歷代有三」（〈集沙門不應拜俗等事序〉）。此即謂，西元三六五年東晉哀帝興寧年間，佛教（「大教」、「大法」）已經傳入東土四百餘年了。又劉宋宗炳《明佛論》中有「劉向〈列仙傳序〉七十四人在佛經」之說；《世說新語．文學篇》劉注也依據《列仙傳》說：「如此即漢成、哀之間（西元前三十三至前一年）已有經矣。」由上可推知，西漢末年應當就有佛經傳入。

其三，宗炳又有「東方朔對漢武劫燒之說」，似乎於漢武帝時（西元前一四一至前八十七年在位）已經知道和佛教有關的劫灰說。「劫灰」典出《梁高僧傳．卷一．漢洛陽白馬寺竺法蘭》：「昔漢武穿昆明池底得黑灰。問東方朔，朔云不委，可問西域人。後法蘭既至，眾人追以問之，蘭云：世界終盡劫火洞燒，此灰是也。」《搜神記．卷十三》（註一）云：

漢武帝鑿昆明池，極深，悉是灰墨，無復土。舉朝不解，以問東方朔。朔曰：臣愚不足以知之；曰：試問西域人。帝以朔不知，難以移問。至後漢明帝時，西域道人入來洛陽，時有憶方朔言者，乃試以武帝時灰墨問之。道人云：經云「天地大劫將盡則劫燒」，此劫燒之餘也。乃知朔言有旨。

這段話說明了「劫灰」的由來。漢武帝開鑿昆明池，挖得極深時不再有土，都是黑灰。整個朝廷的人都不知道是怎麼回事，武帝去問東方朔。東方朔說：「我愚蠢，不能解釋此事。」又說：「可以去問一下西域的人。」武帝認為，連東方朔都不知道，就很難再問其他人了。

到東漢明帝時，西域的修道人進入中原來到洛陽。當時有人想起東方朔的話，就試以武帝時黑灰之事問之。西域道人說：「佛經上說，天地的大劫將要結束，就會有劫火焚燒。這黑灰是劫火焚燒留下的灰燼。」人們這才知道東方朔所說之話有深義。

由此可見，在漢武帝期間，人們已經對佛教劫灰說有所瞭解，佛教相關典故在社會上似乎已有少數人知道（如東方朔）。

其四，南朝梁宋畫家宗炳又說：

伯益述《山海經》有天毒國偎人而愛人一語，當於如來大慈之訓，似乎佛教已聞於三五（三皇五帝）之世。

《山海經．海內經》（註二）有云：「東海之內，北海之隅，有國名曰朝鮮、天毒，其人水居，偎人愛之。」

依《山海經》記載，在東海以內、北海的一個角落，有個國家名叫朝鮮，還有一個國家叫天毒；天毒國的人傍水而居，憐憫人慈愛人。宗炳認為，天毒就是天竺國（佛教起源於其中），而「偎人愛之」就是佛陀的教誨（提倡慈悲精神）。換言之，宗炳認為，佛教的相關傳聞，似乎在《山海經》成書時的先秦（三皇五帝）之時就已經有了。

不過，依照文義而言，天毒在北，而印度在南，兩者相距很遠，不似同指一處，文字上或有訛誤脫遺之處。

其五，北齊魏收《魏書．釋老志》除引用「伊存授經」一說外，還依《漢武故事》（劉宋王儉託名班固撰）說：

漢武元狩中（西元前一二二至前一一七年），遣霍去病討匈奴……昆邪王殺休屠王，將其眾五萬來降。獲其金人，帝以為大神，列於甘泉宮。金人率長丈餘，不祭祀，但燒香禮拜而已。此則佛道流通之漸也。

由此推之，武帝奉為「大神」的「金人」，可能為佛陀，因為中國傳統的神仙都沒有以「金人」的形象出現的。

其六，上述〈釋老志〉還依《史記．大宛傳》說：「張騫使大夏還（西元前一二六年），傳其旁有身毒國，一名天竺，始聞有浮屠之教。」這說明在漢武帝張騫出使大夏（西亞古國）時就已經聽說了佛教（浮屠之教）。

其七，梁蕭綺輯本、晉王嘉《拾遺記》（註三）記載，戰國燕昭王七年（西元前三一七年），沐胥國有道人尸羅來朝，荷錫持瓶，五年乃達燕都。《拾遺記．燕昭王》相關全文為：

七年，沐胥之國來朝，則申毒國之一名也。道術人名尸羅。問其年，云：百三十歲。荷錫持瓶，云：發其國五年乃至燕都。善衒惑之術。於其指端出浮屠十層，高三尺，及諸天神仙，巧麗特絕。人皆長五六分，列幢蓋，鼓舞，繞塔而行，歌唱之音，如真人矣。尸羅噴水為雰霧，暗數里間。俄而復吹為疾風，雰霧皆止。又吹指上浮屠，漸入雲裡。又於左耳出青龍，右耳出白虎。始入之時，才一二寸，稍至八九尺。俄而風至雲起，即以一手揮之，即龍虎皆入耳中。又張口向日，則見人乘羽蓋，駕螭、鵠，直入於口內。復以手抑胸上，而聞懷袖之中，轟轟雷聲。更張口，則見羽蓋、螭、鵠相隨從口中而出。

尸羅常坐日中，漸漸覺其形小，或化為老叟，或為嬰兒，倏忽而死，香氣盈室，時有清風來吹之，更生如向之形。咒術銜惑，神怪無窮。

這個故事是說：戰國時期燕昭王七年，沐胥國的使臣來朝；沐胥國是申（身）毒國（即古印度）的另一個名稱。使臣中有個名為尸羅的修道人，他說自己的年紀已一百三十歲了。他扛著禪杖、手持淨瓶，說從自己國家出發，經過了五年時間才來到燕國都城。尸羅善於變魔術，能在他的指尖上變出十層的佛塔等事物。

由這個故事推知，西元前三一七年燕昭王時期可能就有佛教徒來到東土。

其八，隋費長房《歷代三寶紀．卷一》（註四）載：

始皇時，有諸沙門釋利防等十八賢者，齎經來化。始皇弗從，遂禁利防等。夜有金剛丈六人來破獄出之。始皇驚怖，稽首謝焉。

唐代法琳〈對傅奕廢佛僧事〉也有此說，並謂出於道安、朱士行等《經錄》。《佛祖統紀．卷三十五》也有相似記載：「秦始皇四年（西元前二四三年），西域沙門室利防等十八人，齎佛經來化，帝以異其俗，囚之。夜有丈六金神破戶出之。帝驚，稽首稱謝，以厚禮遣出境。」

據此而言，秦始皇年間就有佛教沙門十八人試圖以佛經來教化始皇，始皇不從並囚禁了他們，卻有「丈六金神」救之，才「稽首謝（道歉）焉」。

其九，唐代法琳〈對傅奕廢佛僧事〉中又據《周書異記》有云：周昭王二十四年甲寅（西元前一〇二六年），發生水泛、地動、天色變異等象，太史蘇由說有聖人生於西方，故現此瑞，而以此為佛誕年代。北齊僧統（僧官）法上曾沿此說以答高麗使者，後來更為一般佛教徒所慣用；即一般佛教徒認為，釋迦牟尼佛誕辰為周昭王二十四年。

其十，唐代道宣律師《廣弘明集．歸正篇》（註五）引用《列子．仲尼篇》說：

孔子曰：丘聞西方有聖者焉，不治而不亂，不言而自信，不化而自行，蕩蕩乎人無能名焉。

其斷言「孔子深知佛為大聖」。因為孔子生卒年歲為西元前五五一年至前四七九年，所以道宣認為，東土於春秋時期就已經有人聽聞佛陀事蹟。「永平求法」幾乎是漢地佛教初傳的普遍傳說，即認為漢明帝永平十年（西元六十七年）佛教正式傳來東土。《註四十二章經・佛教西來玄化應運略錄》言：

至後漢孝明帝永平七年正月十五日，帝夜夢金人身長丈六、赫奕如日，來詣殿前曰：聲教流傳此土。帝旦集群臣令占所夢，時通人傅毅對曰：臣覽周書異記云：西方有大聖人出世，滅後千載當有聲教流傳此土，陛下所夢將必是乎。帝遂遣王遵等一十八人，西訪佛法至月氏國，遇摩騰、竺法蘭二菩薩；將白氎上畫釋迦像及《四十二章經》一卷載以白馬，同回洛陽。時永平十年丁卯十二月三十日也。

這個典故起於漢明帝夢見「金人」，因中國傳統的神仙都不是金色，所以詢問群臣；太史傅毅認為，此神為西方之「佛」。於是，漢明帝派王遵（另一說為中郎將蔡愔）等人去西域求法。永平八年（西元六十五年），王遵等人在大月氏國（今阿富汗境至中亞一帶）遇到印度高僧攝摩騰、竺法蘭，見到了佛經和釋迦牟尼佛白氈像，懇請二位高僧東赴中國弘法布教。永平十年（西元六十七年），二位高僧應邀和東漢使者同行，用白馬馱載佛經、佛像同返國都洛陽。

漢明帝見到佛經、佛像十分高興，對二位高僧極為禮重，親自予以接待，並安排他們在當時負責外交事務的官署「鴻臚寺」暫住。永平十一年（西元六十八年），漢明帝敕令在洛陽西雍門外三里御道北興建僧院。為紀念白馬馱經，取名「白馬寺」，「寺」字即源於「鴻臚寺」之「寺」字。後來，「寺」字便成了中國寺院的一種泛稱。

攝摩騰和竺法蘭在此譯出《四十二章經》，為現存中國第一部漢譯佛典。在攝摩騰和竺法蘭之後，又有多位西域高僧來到白馬寺譯經，在西元六十八年以後的一百五十多年時間裡，有一百九十二部、合計三百九十五卷佛經在這裡譯出。

佛教初傳時期，主要依託當時盛行於世的方術與道教信仰及其觀念，後漸吸納儒家學說的心性觀與倫理道德思想，以期對中國的文化格局造成影響。不過，畢竟是異國傳教，佛教傳入漢地初期對於當時的中國思想界實際上並沒有多大影響，甚至可以說影響十分有限。

例如，東漢思想家王充（西元二十七至九十七年）所作的《論衡》，對於當時社會上諸多思潮進行了評析或辯駁，對佛教竟然隻字未提。當代哲學家馮友蘭（西元一八九五至一九九〇年）稱《論衡》為「疾虛妄古之實論，譏世俗漢之異書」，具有強烈的現實批判精神；但是，其對佛教沒有任何評論，不能不說佛教對當時社會的影響實在有限。

僧肇思想的承上啟下

中國佛教到了魏晉時期，即進入了「格義佛學」階段，即主要採用漢地的學術思想資源以比附、匹配、聯繫與類比等方法來詮釋佛學義理。《高僧傳》載：

竺法雅乃與康法朗等，以經中事數擬配外書，為生解之例，謂之格義。及毗浮、曇相等，亦辯格義，以訓門徒。

又記載：

（慧遠）年二十四，便就講說。嘗有客聽講，難實相義，往復移時，彌增疑昧；遠乃引《莊子》義為連類，於是惑者曉然。是後安公特聽慧遠不廢俗書。

可見，當時以老莊乃至儒家之學來解釋佛學義理確實是常見的現象；因為，不這樣解釋，當時的人們也很難理解外來的佛教義理。

不過，早期格義佛學雖有類比論證、解釋疑惑的優勢，卻也同時存在削足適履之嫌，可能將佛學真諦有所曲解。道安雖然質疑這種格義的方法，也在有生之年盡力從事佛典的翻譯工作；然而，條件有限，終歸沒有將格義佛學徹底轉化為漢傳佛教思想。

鳩摩羅什的出現改變了這一情況。其所譯諸多經典，一方面對中國思想界理解《般若經》原典的真實思想有很大幫助；另一方面，也使中國人第一次接觸到了印度大乘佛教中觀派的一些基本觀點，對印度般若學說鼎盛期的理論有所瞭解。僧肇恰是承繼鳩摩羅什之學，使佛教發展擺脫了「格義佛學」的束縛，真正走上了獨立發展、徹底中國化的道路。

概而言之，佛教傳入我國後，為了適應中國社會的需要，經歷了一個不斷中國化的過程。從思想理論上看，這個過程大致經歷了三個階段——

第一個階段，從佛教初傳到兩晉時期，這是佛教中國化的開始階段。在這個階段，佛教主要是依附於傳統思想而在漢地扎下根，在與傳統文化的交融中得到發展。

第二個階段，從南北朝到隋唐五代，這是中國佛教走向獨立發展與鼎盛的時期，也是佛教中國化的完成階段。在南北朝時，經論的講習之風大盛，並形成了許多不同的學派，寺院經濟也得到很大的發展。到隋唐時，進一步出現了中國化的佛教各個宗派，其中以禪宗最為典型，它的出現標誌著佛教中國化的最後完成。

第三個階段，從北宋到近代，這是中國佛教的發展由盛而衰的階段，佛教的中國化表現出不同於以前的新特點。隨著宋明理學的產生，佛教的思辨精華逐漸為傳統思想所吸收和消化。宋明之後，在儒家文化占據主流的基礎上，儒釋道三家基本上實現了合一。

僧肇佛學理論的出現標誌著佛教中國化過程第一階段的結束，和第二階段的開始，具有承上啟下的重要意義。

一種外來文化要在本土生根，本土文化中必須要有其生存的土壤；如果條件不具備，外來文化就很難立足。佛教在中國的傳播和發展情況也是一樣。佛教初傳中國是在兩漢之間，由於當時佛教中國化的條件尚不成熟，佛教只能依附於中國本土文化以求生存。當時，佛陀被看成與中國神仙一樣，人們供奉佛陀，以求消災解難。

一直到了魏晉玄學時代，佛教理論才找到了可比附的思想。人們以玄解佛，對佛教進行初步的解讀；這一時期的佛教研究多借用玄學的名詞，呈現「格義佛學」的特色。當時，佛經翻譯越來越受到重視，隨著翻譯佛經的增多，佛教博大精深的理論逐漸在中土文化中扎下了根。

以此為基礎，僧肇的佛學思想在當時產生了巨大影響。僧肇批判地吸收了玄學的精華，並對佛教「六家七宗」的學說中進行了辯駁，彰顯了大乘佛教般若中觀的思想。這些理論上的突破，恢復了佛教般若空觀的本來面目，為中國知識分子正確理解大乘空宗思想掃清了障礙。可以說，僧肇的佛學理論是佛教中國化過程中的關鍵一環。

簡而言之，僧肇繼承和發展了玄學的本體論（Ontology，或譯為存在論，是探究世界的本原或基礎的哲學理論）哲學，通過融玄學入佛學的方式，將玄學思想提升到佛教本體論的高度，從而讓佛教思想為知識分子普遍接受。

魏晉玄學的主要代表人物和觀點

傳統文化中關於宇宙起源的表述很多，如盤古開天闢地、女媧造人等，但從哲學意義上來說，具有典型意義的是道家。《道德經・四十章》老子說：「天下萬物生於有，有生於無。」「有」不是一個具體的存在，而是從整個宇宙存在的意義上來表達的；可以說，萬物的存在便是有。因此，「有」是一個抽象的概念，又是一種實在，它不是無。以「有」來概括宇宙，表明中國古代學者已經開始形成自己的形而上學思想。

老子的偉大創見在於提出了一個更加抽象的詞「無」；這和經驗世界中我們所看到的一切具體事物不一樣，「無」成了更高的概念。「有」和「無」成了相輔相成、對立統一的整體，即「道」。

在早期道家那裡，雖然已經開始了形而上學式的思維，但人們的思考局限於經驗，側重於從生成論角度來思考宇宙，因此產生了早期道家的宇宙生成論及秦漢之際的宇宙觀。

「道」起源論和「元氣」起源論是道家宇宙生成論的核心思想。道家認為

「道」不僅是宇宙的起源，也是宇宙萬物必須遵循的法則。老子率先提出「道」生宇宙萬物的觀點，如《道德經．四十二章》所說：「道生一，一生二，二生三，三生萬物。」

宇宙起源於「氣」的思想，則經由戰國時期稷下道家的《管子》表現出來；到漢代，用元氣來解釋宇宙萬物的生成，已經成為當時宇宙生成論的主流。《管子．內業》有云：

> 凡物之精，化則為生；下生五穀，上為列星。流於天地之間，謂之鬼神；藏於胸中，謂之聖人。是故民氣，杲乎如登於天，杳乎如入於淵，淖乎如在於海，卒乎如在於己。

這段話的意思是：萬物的精氣，結合起來就有生機。在下就產生地上的五穀，在上就是天體的群星。流動在大地之間的叫作鬼神，藏在人的心裡就成為聖人。因此，這種氣有時光亮得好像升在天上，有時幽暗得有如藏入深淵，有時柔潤得好似浸在海裡，有時高峻得如同立在山上。

又云：

凡道無根無莖，無葉無榮；萬物以生，萬物以成，命之曰道。

凡是道，沒有根也沒有莖，沒有葉子也沒有花朵；但萬物由於得到它才產生，由於得到它才成長，所以把它叫作「道」。又云：

精也者，氣之精者也。氣，道乃生，生乃思，思乃知，知乃止矣。

所謂「精」，就是氣中最精華的東西。氣，道由此生發，生發就有生命，有生命就有思想，有了思想就有心智，有心智就知道限度。東漢王充也這麼說：「萬物之生，皆稟元氣。」意即萬物之所以產生，是因為秉承了元氣的緣故。

《淮南子．天文訓》有云：

天墜未形，馮馮翼翼，洞洞灟灟，故曰太昭。道始於虛霩，虛霩生宇宙。宇宙生氣，氣有涯垠。清陽者薄靡而為天，重濁者凝滯而為地。清妙之合專易，重濁之凝竭難，故天先成而地後定。天地之襲精為陰陽，陰陽之專精為四時，四時之散精為萬物。

天地還沒有形成的時候，混混沌沌，無形無象，所以叫做「太昭」。道最初的狀態是清虛空廓（虛霩），清虛空廓演化出宇宙，宇宙產生出元氣。這種元氣是有一定的邊涯和形態的；其中，清明部分飄逸擴散形成天，濁混部分凝結聚集形成地。清明部分的氣匯合容易，濁混部分的氣凝聚困難。所以，天先形成而地後定形。天和地的精氣融合起來產生了陰陽二氣，陰陽二氣的精華融合集中產生春秋冬夏四季，四季各自的精氣分散產生萬物。

《淮南子》這種宇宙發生模式「道→虛霩→宇宙→氣→物」，基本上繼承先秦道家的模式，以「道」為萬物之始。老子之後的道教思想也是如此。不管是宇宙萬物起源於「道」還是起源於「氣」，實際上都是比較粗糙的樸素思想，還沒有進入到哲學上的深刻探索。

從生成論到本體論，是傳統中國文化的哲學昇華。中國哲學從宇宙生成論到本體論轉化，是從魏晉玄學開始的。

玄學一反從前哲學的宇宙生成說，直探宇宙萬物的本源。對此，當代學者湯用彤在其《魏晉玄學流別略論》中明確了魏晉玄學與漢代思想的根本不同乃在於，魏晉玄學：

已不復拘拘於宇宙運行之外用，進而論天地萬物之本體。漢代寓天道於物理，魏晉黜天道而究本體；以寡御眾，而歸於玄極；忘象得意，而游於物外。於是脫離漢代宇宙之論而留連於存存本本之真。

簡言之，對於宇宙是怎麼生成的，魏晉玄學已不再討論；進而討論的是：宇宙本身是什麼？不再糾葛於天地萬物的產生發展，而直接探討宇宙萬物的本體。可以說，魏晉玄學確立了作為一種本體論哲學在中國哲學史上的重要地位。幾位具代表性的人物為——

何晏（?至西元二四九年）

是魏晉以來玄學風氣的開創者，「貴無論」的首倡者，突破了兩漢以來宇宙生產論的框架，主要著作是《道德論》和《論語集解》。其核心思想是「貴無論」，即認為宇宙本體是超言絕象的，是無名無譽的，是天地萬物形成以前就存在著的；「無」具有主宰天地萬物的作用，是陰陽萬物賴以化生成形的始基。

王弼（西元二二六至二四九年）

主要著作是《老子注》、《老子指略》、《周易注》和《周易略例》。其核心思想是「貴無論」，作為世界本性的「道」，是絕對的「無」。

王弼用「以無為本，以有為末」的本體論結構的模式來解釋「有」及「無」兩者的關係。就「動、靜」來說，王弼認為永恆的本體是寂靜不動的，動是相對的，是形容物質現象世界的。

王弼從「以無為本」對本末、體用、一多、名教與自然等概念進行了新的解釋。他開創的玄學，不僅為儒道融合開闢了道路，而且為中國傳統文化與外來的佛教文化的融合開闢了道路。宋明理學汲取了玄學本體論，建立了以儒家思想為主體、三教合一的思想體系。從宋代理學家周敦頤的「無極而太極」、張載的「太虛即氣」，到程（頤）朱（熹）的「體用一源，顯微無間」，陸（象山）王（陽明）的「宇宙是吾心」的心體物用論，都汲取了王弼玄學體用論的思想方法。

郭象（西元二五二至三一二年）

其主要著作是《莊子注》。在改造、綜合當時的崇有論與貴無論兩派觀點的基礎上，提出了「獨化論」思想，終結了魏晉玄學內部的長期論爭。

郭象一方面反對「有生於無」，提出了「無不能生有」，這同鳩摩羅什的

「非無」之說似有某些相仿。另一方面，又主張「有之未生又不能為生」，即「有」也不能生「有」，事物只能是「獨生而無所資借」，這同羅什的「非有」之說又有某些相仿。

郭象雖然並沒有提出「非有非無」的中觀思想，但他在闡述獨化論思想的時候，對「有、無」這一相互對立而又統一的範疇所作的解釋，同羅什的「非有非無」思想有一定相似性。

郭象以「有」作為萬物存在的根據，又主張物各自生、自為，而「自為」就是自然無為，「無」就是什麼都沒有，故「無」不能生出「有」，而「有」也不能生「無」。「有」是「塊然而自生」，就是無為而自然而然地產生，物的產生完全是純粹偶然的，忽然之中變化的，是誰也沒法瞭解的。

郭象的學說是魏晉玄學的集大成者，其《莊子注》似對僧肇有較大影響。

裴頠（西元二六七至三〇〇年）

主要著作是《崇有論》，核心思想就是「崇有論」。裴頠認為，總括萬有的道不是虛無的，世界的根本是「有」，而不是虛無。他肯定「有自生」，而非「生於無」。認為「無」不能生「有」；因為，萬物開始產生時，都是自己生出來的；如果一定要再找一個造物者作為它的依據，那是不可能的。

歐陽建（西元二六九至三〇〇年）

主要著作是《言盡意論》，主要反對的是當時流行的「言不盡意論」。在玄學貴無論的影響下，很多人都主張語言不能表達事物的本質。歐陽建則認為，客觀世界雖然是離開人的概念和語言而獨立存在的，但語言概念是人們用以說明客觀世界的工具，是可以藉此徹底認識客觀世界的。

在此之後，隨著佛學思想的進一步傳播，出現了所謂的「六家七宗」之說，都討論到「有無」、「體用」、「動靜」等本體論問題。

自漢末到劉宋時代，佛教般若經非常流行；東漢高僧支婁迦讖傳譯《道行般若經》，為印度般若學說傳入中國的開始，朱士行（西元二〇三至二八二年）講經，道安也著手研究般若。

當時，為理解般若思想，一方面是依據老莊玄學的道理，對佛經進行比附式的理解，這就是「格義佛學」的興起。對般若性空思想的理解因此產生種種分歧。

另一方面是通過佛教經論本身來研究，此等派別總括稱為「六家七宗」。據劉宋莊嚴寺曇濟之《六家七宗論》（原書佚，今據唐代元康《肇論疏》所引）以及隋代吉藏之《中論疏》等所載，一般主張六家及其代表為——

「本無宗」：包括道安、僧叡、慧遠等學說；

「即色宗」：包括關內之「即色義」以及支道林的「即色游玄論」；

「識含宗」：是于法蘭的弟子于法開所說；

「幻化宗」：是竺法汰的弟子道壹所說；

「心無宗」：包括竺法溫、道恒、支湣度等學說；
「緣會宗」：有於道邃的緣會二諦論所說；
「本無異宗」：是本無宗之支派，有竺法琛、竺法汰的學說。
七宗之中，就基本觀點而言，一般以本無宗、即色宗、心無宗三家為當時般若學說的主流。

對中國佛教思想體系的建立

僧肇大大發展和深化了魏晉玄學家開創的本體論學說。僧肇以「緣生無性」、「立處皆真」為中心思想，破斥「玄學」及「六家七宗」各派在體用、動靜、有無等問題上的種種偏執，主張「體用一如、非無非有、即靜即動」之說，從而成為中國哲學從宇宙生成論向本體論轉化過程中的一個極其重要的哲學家。

對魏晉玄學及早期般若學之批判

湯用彤在《漢魏兩晉南北朝佛教史》中提到：

魏晉以訖南北朝，中華學術界異說繁興，爭論雜出……但其所爭論，實不離體用觀念。

他讚歎僧肇所作〈物不遷〉、〈不真空〉、〈般若無知〉三論：

於體用問題有深切之證知。而以極優美、極有力之文字表達其義，故為中華哲學文字最有價值之著作也。

僧肇解空第一，其所作論，以談至「有無」、「體用」問題之最高峰，以後諸公已難乎為續也。

魏晉玄學若非「貴無」；即是「崇有」，僧肇認為這都落於兩邊，沒有明白般若性空的中道義。其次，玄學所說的「無」，不是落於「虛無」（即認為什麼都沒有），就是雖然肯定「無」作為本體的存在，但不明白「無」的特徵是什麼。僧肇認為，無的特徵就是「空」；空並非虛空，是超絕語言形象的空性。玄學所說的「有」拘泥於萬事萬物的表象，不明白萬事萬物本身不是永恆存在的，永恆常在的是萬事萬物背後的本體；當然，這個本體與表象是一體兩面，不可分離的。

至於「言、意」問題，僧肇贊同玄學的「言不盡意」，認為作為般若、涅槃等是無法以語言表述清楚的。對於玄學在宇宙本體論上的「道論」或者「氣論」來說，僧肇認為這都是不正確的。萬事萬物都是因緣和合而生，沒有自性（緣生無性），不是「道生萬物」，也不是「秉氣而生」。

萬事萬物沒有自性並不意味著虛無，而是要通過般若智慧對因緣的觀照來明白真正的本體（立處皆真）。要認識本體，就要堅持般若中觀的教義，做到「體用一如，非無非有，即靜即動」，對於世間、出世間也是如此，要做到兩者的圓融無二，才能體證真如實相。

僧肇批判地繼承了早期佛教般若學思想，在〈不真空論〉中，僧肇對般若三家性空理論的不足和偏頗作了分析和批判。

僧肇指出，「本無宗」過於偏重於「無」，無視事物的「非無」方面。換言之，本無宗過於注重作為宇宙本體的「無」，強調對無的認識，對於萬事萬物的客觀存在（有）卻重視不夠，不能正確理解無和有的關係，把兩者對立又統一的關係變成了相互割裂的關係。

至於「即色宗」，雖然認識到了「即色是空」，認識到了萬事萬物沒有自性，不是自己生成的，只是因緣和合產生的，卻沒有認識到因緣所生，無實體性，本來也是空。

「心無宗」則是強調不執著於外在事物（外物有或者無，都不去管它），只求內心的虛無安定。然而，僧肇認為，這雖然能夠達到心空的境界，但是對外物始終不瞭解；因為對外物不能正確瞭解，所以無法正確認識「心」和「物」

的關係。

總之，僧肇認為這三派談「空」都不得要領，不符合大乘般若學的中觀要義。

對於魏晉玄學和「六家七宗」的「有、無之爭」而言，僧肇認為，世界上雖有形形色色的事物，但這些事物都是由因緣和合而成的，並沒有自性。僧肇於〈不真空論〉中從佛教的因緣觀論證道：

夫有若真有，有自常有，豈待緣而後有哉？……若有不能自有，待緣而後有者，故知有非真有。……夫無則湛然不動，可謂之無。萬物若無，則不應起，起則非無，以明緣起，故不無也。

萬物無論是有還是無，都與佛教的緣起說相矛盾。如果說萬物是有，有就是有，是一種自在，它不必再因緣而起為有；這與佛教因緣說相背離，因而是錯誤的，即有非自有、有非真有。如果說無為萬物之本體，無即是萬物之虛空，萬物即是無，緣起從何而來？因此，萬物的本體並不是無。

僧肇認為，萬物：

欲言其有，有非真生；欲言其無，事現既形。象形不即無，非真非實有。然則不真空義，顯於茲也。

就是說，如果說事物是有，有並不是真正的存在；如果說事物是無，它的現象卻已出現。因此，要論證世界的空無，不只講有，也不只講無，而是講「非有非真有，非無非真無」，這就是「不真空」的內涵。

僧肇於〈般若無知論〉則認為，萬物雖有而非有，雖無而非無。是有，有非真有；是無，無非絕虛。有是無，無亦是有，有、無體用不二：

用即寂，寂即用，用寂體一，同出而異名，更無無用之寂，而主於用也。

寂即虛寂、寂滅，用即有；寂用一體，兩者本出於一，只是名字不同而已；沒有無用之寂，也沒有純然的寂空。

同時，僧肇還避開了玄學常用的「本」或「末」範疇，運用中觀學方法，論證時間與空間、動與靜之間的對立統一關係。在〈物不遷論〉中，他針對人們通常認為萬物在不斷運動，但產生萬物的那個「體」不動的觀點，提出「動靜未始異」「即動而求靜」的主張。他說：

必求靜於諸動，故雖動而常靜；不釋動以求靜，故雖靜而不離動。

意思是說，不是說由一個完全不動的本體來生產各種現象，而是說本體與現象兩者相互交融，不能夠截然分開；如果將動與靜截然區分，以此來尋求動靜的真諦，則只能是迷途而莫返。可見，僧肇的「即動即靜」之義實際上也就是般若「即體即用」之義。

僧肇所闡發的「非有非無、動靜相即、不知即知」的觀點，也都分別與魏晉玄學的動靜理論和言意之辨相呼應，以佛學的中觀理論把中國的玄學思辨推向了一個新的階段。這種本體論理解，遠遠超過中國先秦哲學的「無生有」的宇宙生成論。「無」與「有」的關係不再是經驗式的生成模式，而是被上升到抽象的本質模式。

因此可以說，僧肇繼承和發展了魏晉由王弼、何晏所開創的玄學的本體論哲學，克服了中國傳統之生成論哲學的缺陷，建立了真正意義上的中國佛學。從此，中國佛學走向了新的發展階段，即從格義佛學走向獨立發展之路。

體系化之中國佛教哲學的重要開端

綜上所述，僧肇雖然繼承了魏晉玄學的一些思想，但更多是在老莊玄學的概念、命題下闡述佛教思想。由於他始終站在佛教的立場上對中外文化（中國本土文化、古印度以來佛教文化）加以融會貫通，在不違背佛教基本教義的前提下，吸收中國傳統思想來發揮佛教的哲學思想。因此，我們認為，僧肇的佛學體系是中國化的佛教哲學體系。

在僧肇以前，佛教哲學在中國的流傳，從「格義」方法的運用到般若學「六家七宗」的形成，已經歷了一個不斷中國化的過程。但是，它們或是用傳統中國固有的思想去比附佛教，或者是只抓住佛教的某一點思想來加以發揮，未能建立起完備的體系。僧肇則在前人的基礎上把佛教的中國化推向了一個新的高度，建立了第一個比較完整的中國化的佛教哲學體系，從而開創了印度佛教在中國流傳發展的新局面。

在僧肇以後，經過南北朝一百多年的發展，佛教哲學進一步中國化。到隋唐時，隨著統一王朝的建立，中國化的佛教宗派相繼林立，各宗派在融合中外思想的基礎上，建立了自己的宗教哲學體系，它們都在不同程度上受到了僧肇的影響；特別是僧肇初創中國化佛教哲學體系的方法，曾為它們提供了很多借鑑之處。從天台宗對儒、道思想的吸收、以及華嚴宗對莊子相對主義的繼承中，都可以看到僧肇創建佛教哲學體系時所採用論證方式的再現。直至明清，明末四大高僧對僧肇都給予極高評價，可見僧肇的佛學思想影響之綿延深遠。

僧肇的中國化佛教哲學體系之所以能在當時產生，既有歷史發展的推動作用，也有僧肇佛學體系自身的原因。也就是說，佛教傳入中國到了魏晉之際，無論是從社會生活的現實狀況，還是從佛教理論本身的發展來說，中國化的佛教哲學體系已經有出現的歷史可能性了；而僧肇佛學體系自身所具有的優越性、先進性，使得它成為了體系化之中國佛教哲學的重要開端。

僧肇生活的年代，正是十六國先後崛起，政權急劇交替的最動盪不安的年代。戰爭給百姓帶來了深重的災難，「時穀價踴貴，斗值五百；人相食，死者太半。」（《晉書．卷一二二．呂光載記》）社會的動亂、人民的苦難，正是宗教得以存在和發展的最適宜的土壤；世俗社會的黑暗，正是宗教賴以「大放光明」的極好條件。

大乘佛教般若學的興起（以及僧肇所傳的龍樹中觀學），適應了當時的社會需要。無論是面臨「今日當君主、明日階下囚」這一殘酷現實的統治者，或是生活在現實地獄之中的勞苦大眾，都可以從這種理論中尋找精神安慰。

從佛教般若中觀學的理論本身來看，其超越魏晉玄學的高度思辨性也是其日益流行的重要原因。如僧肇論空，是強調萬物非真，既不把萬物歸之於絕對的空無，也不在萬物之外再立一個「空」本體：

雖有而無，所謂非有，雖無而有，所謂非無。如此，則非無物也，物非真物。（〈不真空論〉）

這種非有非無、有無雙遣的中道空觀，以其極高的思辨性滿足了當時玄學發展的需要。

玄學從何晏到王弼，再到郭象，之後的發展已經到了極致，無法超越前人。而佛教般若學卻能做到「以佛解莊」，即用佛教理論來解釋老莊之學，這屬於格義佛學的範疇。這種方式得到了玄學界的高度讚賞，反映了當時的玄學需要從佛學中吸收養料來充實發展自己。因此，比格義佛學之思辨性更為高超的僧肇佛教哲學的繼起，也可以看作是中國傳統學術思想發展的需要。

僧肇佛教哲學以其高度的思辨性，不僅推進了魏晉玄學的發展；而且，通過論證世間、出世間的圓融不二，為佛教在社會上的廣泛接受提供了理論支撐。

僧肇之前傳入中土的佛教理論，雖然思辨性很強；但作為一種宗教理論，主要為出世主義服務的。換言之，佛教修行的目的是為了出離世間，超越六道輪迴，往生到極樂佛國。

當然，這種理論對於處在苦難中的人們來說是有吸引力的；但是，傳統中國文化一直強調的是入世，經過漢代大儒董仲舒（西元前一七九至前一〇四年）「罷黜百家、獨尊儒術」之後的中國更是如此。所以，佛教思想與傳統中國的入世理想是有衝突的。

儒家文化強調修己安人，強調修身，治國，齊家，平天下。後世，張載更有「橫渠四句」之說：

為天地立心，為生民立命；

為往聖繼絕學，為萬世開太平。

道家文化強調「既入世而又出世」，即「天下有道，則與物皆昌；天下無道，則修德就閑」（《莊子．天地》）。這一進一退，反映了道家各學派的共通之處：入世體現為「無為而治」的治世思想，出世體現為「得道升仙」的人生追求。

僧肇的佛學思想較好地調和了入世和出世的矛盾。僧肇的解脫論強調，人們既不必離開塵世，也不必毀滅肉體，只要主觀上放棄執著，精神上超然物外，就能獲得般若智慧，就能洞照真諦，進入佛國。如此一來，就使得佛教理論更加容易地為人們（尤其是掌握政權的知識分子）所接受，使得他們能夠仿效維摩詰居士那樣，在不得不入世生活的同時，又可以出世修行。這種佛法不離世間法的思想，經過後世禪宗及其他宗派的進一步發揚光大，為儒釋道三家的融合奠定了堅實基礎。

【註釋】

註一：《搜神記》是晉代干寶搜集撰寫的記錄神仙鬼怪的著作，是魏晉南北朝時期，志怪小說的代表。共分二十卷，主要是搜集各種民間關於鬼怪、奇跡、神異以及神仙方士的傳說，也有採自正史記載的祥瑞、異變等情況，其中不乏情節重複的故事，每個故事的敘述非常簡短，文學水平也不是非常出色，但對中國後世的傳奇小說發展影響很大。

註二：《山海經》是中國先秦重要古籍，也是一部富於神話傳說的最古老的奇書。該書作者不詳，現代學者均認為成書並非一時，作者亦非一人。現行本《山海經》是由西漢劉向、劉歆父子校刊而成十八篇，晉朝郭璞為《山海經》作注，共可分為山經五篇、海外經四篇、海內經五篇、大荒經四篇。

內容主要是民間傳說中的地理知識，包括山川、地理、民族、物產、藥物、祭祀、巫醫等。保存了包括夸父追日、女媧補天、精衛填海、大禹治水等，不少膾炙人口的遠古神話傳說和寓言故事。

註三：《拾遺記》又名《拾遺錄》、《王子年拾遺記》，為五胡十六國時期隴西安陽人王嘉所撰，共十卷，二百二十篇，皆為殘缺不全。前九卷記自上古庖犧氏、神農氏至東晉各代的歷史異聞，其中關於古史的部分很多是荒唐怪誕的神話，漢魏以下也有許多道聽塗說的傳聞；末一卷則記昆侖等八個仙山。

註四：《歷代三寶紀》，十五卷，隋朝費長房編撰的一部兼具史傳和經錄性質的佛教著作（佛教稱佛、法、僧為三寶），又名《開皇三寶錄》，略稱《長房錄》、《三寶錄》、《房錄》等。收入僧俗作者一百九十七人，著錄佛教著述二千一百三十部，凡六千二百三十五卷。長房以前代經錄多有散落，且年久湮沒，而新出之書又無目可據，因而尋訪故老，搜求集結，纂成此書。雖然漢文大藏經在南北朝時期已初步形成，但遲至《歷代三寶紀．入藏錄》的出現，才說明漢文大藏經已經正式形成，因此可以說，《歷代三寶紀》的編撰完成是漢文大藏經正式形成的標誌。

註五：《廣弘明集》，三十卷，唐代釋道宣撰，是繼承、並擴大梁宋僧祐《弘明集》所編撰的書。《弘明集》分卷不分篇，《廣弘明集》則除分卷而外，還按照所選文章的性質分為十篇：一、歸正，二、辯惑，三、佛德，四、法義，五、僧行，六、慈憫，七、戒功，八、啟福，九、悔罪，十、統歸。

《弘明集》僅是選輯，《廣弘明集》的重點則在於佛道之爭。較之《廣弘明集》，《弘明集》的真實性較為可靠。

參・對後世漢傳佛教各宗之影響

聖人無己，靡所不己；法身無量，誰云自他？圓鏡虛鑑於其間，萬象體玄而自現。境智真一，孰為去來。至哉斯語也！

開篇引文為唐朝石頭希遷禪師讀了僧肇〈涅槃無名論〉後所發的讚歎！不只是專研中觀思想的三論宗，僧肇之思想對於後世之禪宗、華嚴宗及天台宗亦多所啟發。

對三論宗的影響

三論宗是印度中觀學派在中國的傳播和發展過程中形成的佛教宗派，由隋吉藏（西元五四九至六二三年）正式建立。因依龍樹的《中論》、《十二門論》

和提婆的《百論》等三論立宗，故名三論宗，是中國佛教八大宗派之一。

三論宗的主要思想是闡述般若思想，因此也有說是「般若宗」；由於般若思想是講「性空」之理論，所以也稱為「性空宗」。

由於鳩摩羅什及其弟子的大力弘揚，當時三論思想盛極一時。鳩摩羅什來到中國後，盡譯三論，其弟子號稱三千人；其中，最有影響的是並稱為「關中四傑」之一的僧肇。僧肇的代表作是《肇論》，對三論宗後來的發展有很大影響。因此，三論宗人也自稱「什肇山門」。

後來，南朝劉宋時僧朗（生卒年不詳）將鳩摩羅什、僧肇的學說傳入江南。僧朗弟子僧詮，僧詮門人法朗（西元五〇七至五八一年），數代相傳，教義漸趨成熟。法朗門人吉藏集鳩摩羅什、僧肇、僧詮、法朗等人三論學說之大成，創立三論宗。吉藏門下有慧遠、碩法師等，碩門人有元康，繼續弘揚「三論」。可以說，三論宗的實際創始人是吉藏。

此宗的學統，在印度是：

龍樹——提婆——羅睺羅——賓伽羅（青目）——須利耶蘇摩——鳩摩羅什。

在中國則是：

鳩摩羅什——僧肇——僧朗——僧詮——法朗——吉藏。

南朝前期，鳩摩羅什及其弟子在關中傳譯的「三論」思想，在南朝前期寂而無聞。重新將三論研究發揚光大的，是遼東僧朗及其門下。僧朗對華嚴、三論有深入研究。嘉祥吉藏說他曾在北方向他學習什公、僧肇門下的三論正義。

南朝齊建武（西元四九四至四九七年）年間，僧朗到達江南，隱居於攝山（即棲霞山），梁武帝派了僧詮等十人，去向他學習三論，三論宗也隨之光大。興皇法朗、長干智辯、禪眾慧勇、棲霞慧布都是僧詮大師的得意門徒。

興皇法朗曾作《山門玄義》，把三論之學由山中推廣到京城，在南朝廣大區域復興了沉寂已久的三論思想。在法朗的努力下，三論傳遍江南，遠至於四川，成為南朝的佛教大宗。

法朗弟子嘉祥吉藏是三論義學的集大成者。吉藏著作宏富，陳義精微，評判由晉以來各家學說，亦採取南北各派長處，大凡當時流行的經典多為注疏。《續高僧傳》說吉藏大師：

講三論一百餘遍，《法華》三百餘遍，《大品》、《智論》、《華嚴》、《維摩》等各數十遍，並著玄疏盛流於世。

在此基礎上，正式建立了三論宗。當時，除吉藏一系而外，同時弘傳三論的學者也不少，因此三論學說在初唐曾盛極一時。

此宗所依經典，自鳩摩羅什、僧肇、僧朗相承以來，都以《大品（般若）》、《法華經》、《華嚴經》為宗依，至法朗又加《涅槃經》，即有四部大經。所以，隋唐諸三論師的傳記中每每有「四經三論」之說。此外，《維摩經》、《仁王經》、《金剛般若經》、《勝鬘經》、《金光明經》等，作為重要經典亦有較詳細疏解；《大智度論》、《中論》、《百論》、《十二門論》則是此宗的根本論典，關於此宗的專著如《肇論》、《大乘玄論》、《法華玄論》、《淨名玄論》、《二諦章》、《三論玄義》等皆為要典。

「緣起性空」與中道觀

三論宗弘揚大乘佛教思想，而大乘佛教的產生則受到《般若經》思想的直接影響，般若系經典的出現也標誌著大乘佛教的興起。般若思想的主要義理表現在「緣起性空」和由此引申而來的「中道觀」。

「緣起性空」理論是大乘佛教的立論根據，經鳩摩羅什而引入中土，僧肇作〈不真空論〉予以闡發。所謂「緣起性空」是說世間萬事萬物、一切諸法都不是獨立的存在，而是由眾多因緣和合而產生的。宇宙間的萬事萬物無不由因緣和合生起而有，所以名為「緣起」；凡是眾緣和合生起的就一定是無自性的，無自性就是「性空」。

僧肇以緣起性空之理來說明宇宙萬物皆是空無自性，無自性即是般若實相。這一點對三論宗影響很大，後世之三論宗傳人都尊「緣起性空」為他們的根本理論。

中道觀是大乘佛教各宗派共同的主張，也是三論宗般若思想的主要內容。所謂中道者，依《中論》卷首「不生亦不滅，不常亦不斷，不一亦不異，不來亦不出」八不偈之意，以顯發中道實相。凡夫有種種偏執偏見，概括起來有生、滅、斷、常、一、異、來、去四雙八類，要離開這八種偏見，不住有無、空假之兩邊，以悟入非有非無、空有不二之中道，以此觀萬物自性本來寂滅，自性本自清淨。

僧肇由於早年「歷觀經史，備盡墳籍，愛好玄微，每以莊老為心要」，又得鳩摩羅什之真傳，對中觀的「有無雙遣、非有非無」的遮詮方法是非常清楚的，應用得也非常自如。

例如，僧肇在〈不真空論〉中說：「雖有而無，所謂非有。雖無而有，所謂非無。如此，則非無物也，物非真物。」在〈般若無知論〉中僧肇說：「夫有所知，則有所不知。以聖心無知，故無所不知。不知之知，乃曰一切知。」在〈物不遷論〉中僧肇說：「若動而靜，似去而留，可以神會，難以事求。」僧肇對於大乘的中觀理論不僅熟悉，並且還有所發揮，提出了自己「不有不無」、「無知而知」、「即動即靜」的佛學思想，從而獲得「解空第一」的美譽。這些都對三論宗產生了極大影響。

吉藏大師在《大乘玄論．卷第五．明解中觀論名》中講到：

法身無在無所不在，法身無在，不在有不在無，不在亦有亦無，不在非有非無，乃至諸法中義亦爾。無所不在，法身亦在有亦在無，亦在亦有亦無，亦在非有非無。

這種不落兩邊的般若中觀之義，完全可以看到僧肇學說的影子。自僧肇以後，龍樹所宣揚的印度佛教大乘中觀思想與方法始為國人所熟悉，使中國佛教脫離了「格義」階段，開創了中國佛教的新氣象。

真、俗二諦

「真俗二諦」是三論宗的重要思想，這一點也離不開僧肇的影響。三論宗的主要思想是以「般若」為主，般若思想是大乘佛教的重要理論基礎。僧肇為破斥「六家七宗」有、無二元對立的論法，於〈不真空論〉中，運用「不真空」闡釋緣起性空義，謂萬法唯假名，不真，不真即空，有無不二。萬法雖空而宛然假有，雖宛然假有而畢竟空，空有無礙。這種有無不二、空有無礙的理論，成為三論宗「真俗二諦」思想的重要來源。

僧肇在〈物不遷論〉中說：

是以如來因群情之所滯，則方言以辯惑；乘莫二之真心，吐不一之殊教；乖而不可異者，其唯聖言乎？

因為真諦談空、俗諦說有，此真空、俗有都是佛陀度化眾生的方便之說；真如法性之理唯有一個，即是中道實相之理。僧肇在〈不真空論〉中說：

故《放光》云：第一真諦，無成無得；世俗諦故，便有成有得。夫有得即是無得之偽號，無得即是有得之真名。真名故，雖真而非有；偽號故，雖偽而非無。是以言真未嘗有，言偽未嘗無。二言未始一，二理未始殊。

這同樣闡釋的是：真諦、俗諦雖然有不同的名稱，實際上兩者是統一的思想；之所以凡夫不能理解，是因為凡夫有「得、無得，真、偽，有、無」等分別心的緣故。

「真諦」又名第一義諦或勝義諦，「俗諦」又名世俗諦或世諦。真諦講

「空」，俗諦說「有」，所以真俗二諦又叫做「空有二諦」。真俗二諦相待而立，「真」是以俗為真，是對俗諦而說真諦，是為了說明俗諦是假有，是因緣所成無有自性，而方便說真諦是實。「俗」是以真為俗，是對真諦而說俗諦，是為了說明真諦是真實法、無生滅之法，而說俗諦是假有不實，因緣和合而有。

簡言之，真俗二諦是相待而有的，離此過度執著於「真」或「俗」的極端見解，就能夠達到二諦中道。

因此，三論宗主張真俗二諦皆是言教，對空說有、對有說空，空有皆是相待之假名。真俗二諦從名相而言，空、有是相對立的二法，但從本性而言是相互統一的。如《心經》中所說「空即是色，色即是空」，此色空二法是相即不二的。所言「色即是空」，是說緣起之法是無自性的，無自性即是性空，如僧肇所說「萬物之自虛」；「空即是色」，是說性空不礙緣起，也就是說性空必定是緣起之法。此「有」是不離空之有，「空」是不離有的空，空有不二才是真俗二諦的真實含義。

僧肇關於不真空、般若中觀的觀點極大影響了三論宗的思想，後來吉藏在《中觀論疏》及《大乘玄論》中創立的「二諦三中」理論，可以說是在僧肇「二諦觀」的基礎之上建立的。在《大乘玄論》中，吉藏對二諦理論給予極高的評價：「二諦者，蓋是聖教之遙泉，靈智之淵府。」認為真俗二諦的思想是佛法之本。

吉藏由此建立三種中道：俗諦中道，真諦中道，二諦合明中道。這三種中道表明：看待俗諦要持守中道，看待真諦也要持有中道，看待真俗二諦的關係更要持守中道。吉藏對此的論證方式，在很多方面都帶有僧肇學說的影響。

由此可見，僧肇學說對於三論宗的「二諦三中」理論產生了很大的影響，也難怪三論宗將僧肇視為本宗的中土初祖。

對禪宗的影響

禪宗又名佛心宗，是中國化程度最高的佛教。該宗所依經典，先是《楞伽經》，後為《金剛經》，《六祖壇經》是其代表作。

禪宗因第六代祖師以前，每代只單傳一人，類似上古堯舜禹之禪讓，故名禪宗（此為說法之一）。禪宗主張「教外別傳，不立文字，直指人心，見性成佛」。傳說漢地初祖為菩提達摩，下傳慧可、僧璨、道信，至五祖弘忍下分為南宗惠能、北宗神秀，時稱「南能北秀」。

在中國禪宗史上，西元八世紀後期至九世紀中後期的一百多年的期間，是惠能南宗迅速興起的時期。惠能（西元六三八至七一三年）的著名弟子有南嶽懷讓、青原行思、荷澤神會、南陽慧忠、永嘉玄覺，形成禪宗的主流，其中以南嶽、青原兩家弘傳最盛。南嶽下數傳形成溈仰、臨濟兩宗；青原下數傳分為曹洞、雲門、法眼三宗，世稱「五家」。臨濟宗在宋代衍生出黃龍、楊岐兩派，合稱「五家七宗」。

禪宗雖說特重禪法，但對佛教理論也有很多的創新和發展，特別是其機鋒和棒喝等教學方法更是別出心裁。禪宗雖說標新立異，但也得借階於前人；僧肇學說就是對禪宗影響較大的思想之一。

立處皆真，不立文字

禪宗有「隨處作主，立處皆真」的說法，與僧肇〈不真空論〉的說法相去不遠：

> 不動真際為諸法立處，非離真而立處，立處即真也。然則道遠乎哉？觸事而真，聖遠乎哉？體之即神。

這說明了隨時隨地，當下即是悟道之緣，當下即可悟道的思想。

禪宗關於聖智「無言無說」的思想和僧肇之說也有淵源。《碧巖錄》載宋代圓悟克勤（西元一〇六三至一一三五年）之語：

夫說法者，無說無示；其聽法者，無聞無得。說既無說無示，爭如不說；聽既無聞無得，爭如不聽。

僧肇也在《注維摩詰經》說過類似的話：

無說豈曰不言？謂能無其所說；無聞豈曰不聽？謂能無其所聞。無其所說，故終日說而未嘗說也；無其所聞，故終日聞而未嘗聞也。

「無說」，並非不說話，而是指不執著於語言表達的內容；「無聞」，也不是指什麼也沒聽到，而是指不滯於所聽到的語言。兩者都強調了不要拘泥於語言文字的表象，而要通過語言文字去把握背後的「言不盡意」、「妙不可言」的本質。

無言無說跟「不立文字」的禪宗思想有關，與僧肇思想也有一定關係。

禪宗以使眾生覺悟為主旨，中心思想是注重心的清淨，強調自悟，提倡頓悟。禪宗的獨特修持方式，決定了它是超越邏輯思維及語言文字的，「不立文字」就自然成為了禪宗的重要說法。

「不立文字」即不執著於佛教經論，不執著語言文字相，認為禪悟的內容是諸佛妙理，無法以文字言語傳述。禪家悟道，不涉文字，不依經卷，唯以師徒心心相印，理解契合，傳法授受。

禪宗這種「不立文字」觀點，在僧肇〈般若無知論〉中就有體現。僧肇認為：「然則，聖智幽微，深隱難測，無相無名，乃非言象之所得。」其意為，般若聖智幽遠微妙，難以認識，因為其無名無相，非言語所能說得清。僧肇又說：

般若義者，無名無說，非有非無，非實非虛，虛不失照，照不失虛。斯則無名之法。

意思是說，般若聖智不能用語言加以說明，不能用有、無、虛、實等名詞來解釋，是「無名之法」。

禪宗認為，修行人當致力於開悟見佛，不應執著文字。「不立文字」是因為，文字是渡河的舟船，渡過了河繼續前進，就不需要舟船了。眾修行人只有超情離見，屏除語言文字的束縛，體悟不生不滅的實相本性，才能成佛；因為，諸佛妙理，實相之法，不是語言文字所能表達的，只有親自證悟體驗才可了知。僧肇在《維摩詰經注》中，解釋「文字性離」時便說：

夫文字之作，生於惑取；法無可取，則文字相離。虛妄假名，智者不著。

由此可見，對「不立文字」的說法，僧肇似已有言在先。

據《五燈會元》記載，惠能遇「幡動、風動」之爭論：

遇印宗法師於法性寺講《涅槃經》，祖寓止廊廡間。暮夜，風揚剎幡，聞二僧對論，一曰幡動，一曰風動，往復酬答，未曾契理。祖曰：「可容俗流輒與高論否？直以風幡非動，動自心耳。」

這與僧肇的〈物不遷論〉同出一轍。此處惠能認為「仁者心動」，與僧肇「有也無也，心之影響也，言也相也，影響之所攀緣也」的說法也是相通的。

無念為宗、不二法門

禪宗以無念為宗，僧肇也有類似的說法。《壇經》記載，惠能曾說：「我此法門，從上以來，先立無念為宗，無相為體，無住為本。」這與僧肇「般若無相無知」之說一致。

惠能提倡「無住為本」，似乎與僧肇「物不遷」之說相衝突，但《壇經》對「無住」又有解釋：「無住者，為人本性，念念不住。」可見，「無住」指的是人的本性，強調在萬事萬物上念念不住，不將萬事萬物執著執著為實有，進而破除思想縛束來獲得真知。可見，「無住為本」與「物不遷」之說並不衝突，也與僧肇不執著於「惑取之知」的觀點相一致。

禪宗所講的「無念」即心不為外物所牽，「不在境上生心」；還要「無相」，即心中不存任何物象，「外離一切相」。如此，則雖然處身塵世，但心中一塵不染，始終處在虛寂觀照的般若之境。

無執、無念是大乘空宗的基本主張，僧肇深得鳩摩羅什之真傳，對此修持方法運用自如。僧肇在〈不真空論〉中說：「聖人乘真心而理順，則無滯而不通。」意即聖人不執著於外物，才能游刃有餘、無所不通。在〈般若無知論〉中說：「故寶積曰：以無心意而現行。《放光》云：不動等覺而建立諸法。」也是傳達這一無執、無念的思想，甚至還論證了「般若無知而無所不知」的哲學命題。

從這個意義上來說，禪宗的「無念為宗」，可以說是對僧肇思想的繼承和發展。

此外，禪宗「不二法門」的思想也受到僧肇思想的影響。在佛法裡，「不二法門」是指「垢淨不二」、「色空不二」、「煩惱與菩提不二」、「彼此不二」等，是對立統一之意。據《維摩詰經．入不二法門品》載：維摩詰居士與諸大菩薩一起討論不二法門。三十一位菩薩列舉許多對立的概念：生與死、垢與淨、罪與福、善與不善、為與無為、我與無我、明與無明等等。眾菩薩認為，消滅了這些對立面，不生不滅、不垢不淨，就可入不二法門。

此一「不二法門」的思想，後來也成為禪宗的基本修行方法。禪宗對《維摩詰經》頗為推崇，將不二法門作為處世接機的態度與方法，泯滅一切對立，從而獲得了主體精神的無限超越。體悟了不二法門，既避免了執「色」而引起的痛苦與煩惱，又避免了執「空」而引起的斷滅與枯寂，從而契入超悟之門，而得諸法實相。

僧肇為《維摩詰經》作過注，可以說深諳「不二法門」，在其著作中有大量論述。如〈物不遷論〉有：

尋夫不動之作，豈釋動以求靜，必求靜於諸動；必求靜於諸動，故雖動而常靜。不釋動以求靜，故雖靜而不離動。

是以言常而不住，稱去而不遷。

在〈不真空論〉又說：

直以非有、非真有，非無、非真無耳；何必非有無此有，非無無彼無。

是以言真未嘗有，言偽未嘗無，二言未始一，二理未始殊。

還有，在〈般若無知論〉說：

以聖心無知，故無所不知。不知之知，乃曰一切知。

僧肇運用不二法門，消解一切矛盾，為禪宗思想、禪悟思維、禪宗機鋒公案等提供了理論資源。

惠能臨終囑咐弟子要善用「三十六對法」。《壇經》云：

吾（惠能）今教汝說法。不失本宗，先須舉三科法門，動用三十六對，出沒即離兩邊，說一切法，莫離自性。

三十六對，指的是三十六對相對對立的概念。包括——

外境無情五對：天與地對、日與月對、明與暗對、陰與陽對、水與火對；

法相語言十二對：語與法對、有與無對、有色與無色對、有相與無相對、有漏與無漏對、色與空對、動與靜對、清與濁對、凡與聖對、僧與俗對、老與少對、大與小對；

自性起用十九對：長與短對、邪與正對、癡與慧對、愚與智對、亂與定對、慈與毒對、戒與非對、直與曲對、實與虛對、險與平對、煩惱與菩提對、常與無常對、悲與害對、喜與瞋對、舍與慳對、進與退對、生與滅對、法身與色身對、化身與報身對。

惠能強調：

若有人問汝義，問有將無對，問無將有對，問凡以聖對，問聖以凡對。二道相因，生中道義。

惠能所說「不落兩邊，中觀雙遣」，即不執著於兩種極端，而要執守中道的方式，顯然深受鳩摩羅什、僧肇所宣揚的大乘般若中觀學的影響。

佛法不離世間，平常心是道

禪宗「佛法不離世間」的思想也深受僧肇的影響。《壇經》中，惠能曾說：

佛法在世間，不離世間覺；
離世覓菩提，恰如覓兔角。

這首著名的偈子表達了禪宗的修行真諦，與僧肇在《注維摩詰經》中所主張的世間、出世間圓融不二的思想是一致的。從本質上來說，這也可以說是一種不二法門。

僧肇的思想對石頭希遷及馬祖道一都產生過重要影響。據《祖堂集．卷四》（註二）載，石頭希遷（西元七〇〇至七九〇年）因讀《肇論．涅槃無名論》中的「會萬物以成己者，其惟聖人乎？」而受啟發，並感歎道：

聖人無己，靡所不己；法身無量，誰云自他？圓鏡虛鑑於其間，萬象體玄而自現。境智真一，孰為去來？

於是撰寫了〈參同契〉一文，此文後來成為曹洞宗的重要經典。

馬祖道一（西元七〇九至七八八年）「平常心是道」的思想與僧肇的思想也有一定的關係。馬祖道一當時因以洪州（今江西南昌一帶）作為弘法的中心，後世因而將他開創的禪法稱為「洪州禪」。洪州禪法繼承了惠能南宗禪法的直指人心、見性成佛的思想，主張「即心即佛」；後來為了防止人們太過於執著，又用遮詮的方法演為「非心非佛」。

在後期的發展過程中，馬祖逐漸形成「平常心是道」的思想。「平常心」是指無造作、無是非、無取捨、無斷常、無凡聖的心，認為人在穿衣吃飯、擔水運柴、待人接物、日常生活之中就可以體悟禪理。這與惠能「佛法在世間」以及僧肇「不出世間而證涅槃」的思想是相通的。

馬祖道一「平常心是道」的思想，把禪宗思想推進到世俗生活之中，使成佛的道路由頌誦佛經、坐禪修行轉向世俗生活，這就進一步突出了禪宗鮮明而強烈的世間生活意味。馬祖道一的禪法成為後世南宗禪法的正統，對後世的禪法產生了深遠影響。

可以說，禪宗能夠成為漢傳佛教中社會影響最大的宗派，和鳩摩羅什及僧肇的思想影響是分不開的。

對華嚴宗的影響

華嚴宗，為中國大乘佛教八大宗派之一，祖庭是西安華嚴寺。因依《華嚴經》立名，故稱華嚴宗，又稱賢首宗、法界宗、圓明具德宗。該宗依《大方廣佛華嚴經》立法界緣起、事事無礙的妙旨，其主要教理為法界緣起說。

華嚴宗以唐代帝心杜順（西元五五七至六四〇年）為始祖，雲華智儼（西元六〇二至六六八年）為二祖，賢首法藏（西元六四三至七一二年）為三祖，清涼澄觀（西元七三八至八三九年）為四祖，圭峰宗密（西元七八〇至八四一年）為五祖，宋朝加入馬鳴、龍樹而為七祖。實際創始者是法藏。

華嚴宗的集大成者法藏，世稱法藏賢首。十七歲入太白山求法，後去雲華寺師事智儼，聽講《華嚴經》，得其嫡傳。唐高宗咸亨元年（西元六七〇年），得受沙彌戒，先後於太原寺、雲華寺講《華嚴經》。武后（武則天）命京城十大德為授具足戒，並賜以「賢首」之名，人稱「賢首國師」。

法藏後來為武則天宣講佛法，因華嚴宗義理深奧複雜，武則天聽後茫然不解，法藏就以宮殿前的金獅子為教具，撰寫《金師（獅）子章》來加以開導。這一直觀教學使艱深的義理變得徑捷易懂，武則天遂豁然開悟。《金師子章》不足一千一百字，卻囊括了華嚴宗的基本理論和判教說法，可謂有咫尺萬里之勢。

例如，為了說明色與空的關係，《金師子章．辨色空第二》就以（鑄造獅子所用黃金）金體比喻佛性「空」，以外在形象（獅子）比喻事物「色」：

師子相虛，唯是真金。師子不有，金體不無，故名色空。又復空無自相，約色以明；不礙幻有，名為色空。

以事物有色、空兩重視角：人們看到假有的一面，而看不到假有所體現的真實這一面，「假有」顯而「真實」隱；看到真實的一面，而看不到假有的一面，「真實」顯而「假有」隱。雖然或隱或顯，但隱、顯二相，俱時成就。這種「色空不二」的思想，顯然與僧肇所提倡的般若中觀論如出一轍。

法藏在《華嚴探玄記》中曾說：「是知機緣感異，聖應所以殊分；聖應雖殊，不思議一也。」這與僧肇《注維摩詰經》中「然幽關難啟，聖應不同。非本無以垂跡，非跡無以顯本；本跡雖殊，而不思議一也。」說法同出一轍。兩者都說的是，般若聖智可以觀照不同的各種事物，雖然事物不同，但虛寂不動，持守如一。對於聖智而言，雖處不可思議的涅槃之境，如如不動，但可以照鑑萬物，靈靈不昧。

華嚴宗另一代表人物澄觀，其思想與僧肇思想關聯更多。澄觀，世稱清涼澄觀，十一歲時從寶林寺霈禪師出家。從德宗興元元年（西元七八四年）正月開始到貞元三年（西元七八七年）十二月，歷時四年撰《大方廣佛華嚴經疏》（略稱《大疏》）六十卷，解釋唐譯《大方廣佛華嚴經》文；後來又撰《大方廣佛華嚴經隨疏演義鈔》（略稱《演義鈔》）九十卷，解釋疏文。澄觀一生著有《華嚴經疏》等書四百餘卷，故有「華嚴疏主」之稱。

澄觀在《華嚴經疏》中說：「皆入初心，略有三義。一、後因初得故，言一切悉入。若修途至在初步，學者祿在其中。」「修途至在初步」顯然根據僧肇「修途托至於初步」而來。

澄觀經常引用《肇論》中的原話來說明華嚴宗義理。如《大方廣佛華嚴經隨疏演義鈔》中說：

論云：是以如來功流萬世而常存，道通百劫而彌固，成山假就於始簣，修途托至於初步者，果以功業不可朽故也。彼論意云：物各性住，故無往來。

這是引用僧肇〈物不遷論〉的內容，可見澄觀也贊同其「物不遷」的思想。

澄觀還說：

是以言常而不住，稱去而不遷。不遷，故雖往而常靜；不住，故雖靜而常往。

> 雖靜而常往，故往而弗遷；雖往而常靜，故靜而弗留。

這基本上也是大段引用的僧肇原話。其《華嚴經疏》又云：

> 妄心分別有者，情計謂有，然有即不有，故云一切空無性，常有常空。是即萬物之自虛，豈待宰割以求通哉？

其中的「即萬物之自虛，豈待宰割以求通哉？」顯然出自僧肇的〈不真空論〉。

澄觀還在《大方廣佛華嚴經隨疏演義鈔》中說：

> 彼論云：尋乎不有不無者，豈謂滌除不物，杜寒視聽，寂寥虛豁，然後為真諦者乎？誠以即物順通，故物莫之逆；即偽即真，故性莫之異。性莫之異，故雖無而有；物莫之逆，故雖有而無。雖有而無，所謂非有；雖無而有，所謂非無。如此，則非無物也，物非真物也。

僧肇〈不真空論〉中此段文字的本義在於顯現諸法不有不無的本體，說明聖人「即物順通」、「即偽為真」，知道萬物沒有自性，不為萬物所累，從而體現其中觀特點。澄觀藉這段文字是以說明「理事無礙」的華嚴宗思想，強調平等之真體為理，有為之形相為事；理如水，事如波，於平等之理而有萬差之事，於萬差之事而有平等之理，二者圓融無礙。

由以上說明可知，華嚴宗教義受到了僧肇般若中觀論的諸多影響。

對天台宗的影響

天台宗是漢傳佛教十三宗之一，因創始者智顗（智者大師）常住浙江台州的天台山而得名；又因以《妙法蓮華經》為主要教義根據，故亦稱法華宗。

天台宗學統自稱是龍樹、慧文、慧思、智顗、灌頂、智威、慧威、玄朗、湛然九祖相承。至民國時期，中國天台宗共有四十三世傳承（以慧文為初祖）。

天台宗思想，雖稱出自龍樹，實則啟蒙於北齊慧文（生卒年不詳）。慧文從《大智度論》及《中論》中，確立了「一心三觀」的理論。慧思（西元五一五至五七七年）繼承此說，並結合《妙法蓮華經》要義，又闡發「諸法實相」之說，慧思兼重定慧，實為以後天台宗止觀雙修的起緣。

後慧思傳智顗，智顗再發揮，終於形成以「一念三千」和「三諦圓融」為中心思想的獨立學派。智顗（西元五三八至五九七年）教觀總持，解行並進，著有《法華玄義》、《法華文句》、《摩訶止觀》，世稱天台三大部。弟子灌頂得其真傳，作《涅槃玄義》和《涅槃經疏》，有其發揮。其後智威、慧威、玄朗、湛然皆有大成就。

天台宗以《妙法蓮華經》為宗旨，《大智度論》作指南，《大般涅槃經》為扶疏，《大般若經》為觀法，智顗的天台三大部也是該宗的根本典籍。

明末蕅益大師在《閱藏知津》中說：

此土述作，唯肇公及南嶽、天台二師，醇乎其醇，真不愧馬鳴、龍樹、無著、天親，故特入大乘宗論。

「南嶽」指慧思，「天台」指智顗，二者均為天台宗祖師。智旭把僧肇與天台宗祖師相提並論，可見僧肇思想與天台宗有重要聯繫。

事實確實如此。僧肇師承鳩摩羅什，而鳩摩羅什所傳乃龍樹大乘中觀學說；僧肇雖未上天台宗祖師牌位，但與天台宗確實是近親關係。由於這層關係，其學說沒對天台宗產生影響是不可能的。

體真止、真寂滅

在漢傳佛教發展中，將知識分為「般若之知」和「惑取之知」，始自僧肇，並強調聖心「知即不取，故能不取而知。」智者大師在《童蒙止觀》中解釋「體真止」時說：

所謂隨心所念一切諸法，悉知從因緣生，無有自性，則心不取。若心不取，則妄念心息，故名為止。

此處說明「止」有滌除妄念的功能。僧肇〈般若無知論〉也說：「非不知故不取，又非知然後不取，知即不取，故能不取而知。」亦說明心不執取萬物，則無妄念。

所謂「體真止」，體指體會，真指真實；即細細體會心中所念的一切事物，發現它們皆是虛妄不實的，從而不再執著。當內心對這些事物不再執著的時候，各種妄念自然止息。這就叫體真止。

若行體真止，而妄念不息，如何對待？智者大師說：

當反觀所起之心，過去已滅，現在不住，未來未到，三際窮之，了不可得。不可得法，則無有心；若無有心，則一切法皆無。

在此，智者對過去、現在、未來「三際」的看法，與僧肇〈不真空論〉字面上不同，而實質是一致的，對知識（心外外界的認識）產生原因的解釋也基本相同。智者認為：

> 內有六根，外有六塵，根塵相對故有識生；根塵未對，識本不生。

僧肇在〈般若無知論〉中則認為：

> 知與所知，相與而有，相與而無。
>
> 夫所知非所知，所知生於知，所知既生知，知亦生所知。

二者都認為世俗知識為緣所起，不可執著。不同僅在於，智者認為根、塵相對而生識，僧肇則認為「識」與「境」相緣而生識。

然而，對於「寂滅」的解釋，兩者就完全一致了。智者大師認為：

> 生滅名字，但是假立；生滅心滅，寂滅現前，了無所得。是所謂涅槃空寂之理。

對於「生滅名字」，僧肇在〈不真空論〉中說：「以名求物，物無當名之實，以物求名，名無得物之功，物無當名之實，非物也，名無得物之功，非名也。」也否定了名、物的真實性，名是假名，物是假物。對於「寂滅涅槃」，僧肇在《注維摩詰經》中則說：

小乘以三界熾然，故滅之以求無為。夫熾然既形，故滅門以生；大乘觀法本自不然，今何所滅？不然不滅，乃真寂滅也。

兩者所談一致。可見，智者大師肯定是受過《肇論》啟發的。

智者大師曾為《妙法蓮華經》作疏並作記，宋代道威將疏與記「揉而錄於經文之下，名為入疏。」雖說《入疏》中哪些思想是智者、哪些是道威的說法，很難分辨；但由於他們同為天台宗祖師，《入疏》內容無疑呈顯的是天台宗思想。

《入疏》在解釋「佛說此經已。結跏趺坐，入於無量義處三昧，身心不動」時說：

身心不動者，與所緣之處相應也。心之本源，湛若虛空；心之理性，畢竟常寂。故大通智勝，身體及手足，靜然安不動，其心憺怕，未曾有散亂。

常人以心為心，以身為身，執著假有，不知真諦，所以很難做到身心不動。然而，身心本為所緣之物，都是本源的顯現，並非實有；所以，心身的本性寂然不動。瞭解這一道理，就能做到無心於心、無心於身，佛祖因此能做到「身若金剛，不可動轉，心若虛空，不可分別。」這與僧肇在〈般若無知論〉中對聖人「無心之心」「不應之應」的描述是一致的。

《入疏》還認為：

順世者，聞佛三世益物，橫豎該互，遍一切處，亦無一毫疑滯，即廣事而達深理，即深理而達廣事。不二而二，不別而別；雖二雖別，無二無別。

僧肇在〈答劉遺民書〉中說：

萬物雖殊，而性本常一，不可而物，然非不物。可物於物，則名相異陳；不物於物，則物而即真。是以聖人不物於物，不非物於物。

在〈般若無知論〉中也說：「誠以即物順通，故物莫之逆；即偽即真，故性莫之異。」還說：「道遠乎哉？觸事而真。」可見，僧肇所說的真俗不二、即偽即真的思想，正是《入疏》所要顯明的道理。

三諦圓融

天台宗「三諦圓融」的思想也受到了僧肇的影響。以「空、假、中」三諦解釋一切現象，依天台宗，乃是龍樹大乘般若空宗的特徵。《摩訶般若波羅蜜經．序品》說：

欲以道種慧具足一切智……欲以一切智具足一切種智，當行習般若波羅蜜。

《大智度論》在解釋上述三種智時，認為三種智有先後順序；但最終的圓滿，則是三智一時得到，稱為「三智一心中得。」慧文因此悟出「一心三觀」

禪法——一心可以從空、假、中三方面考察萬物，並認為《中論．觀四諦品》中之「三是偈」：「因緣所生法，我說即是空；亦為是假名，亦是中道義。」講的就是三智。

後來，慧思又把「三觀」的對象歸結為實相，又把實相分為共相、自相和全部別相；觀照三相，就可以窮盡實相。

智者大師認為，從觀照對象看，慧思的「三相」可稱為「三諦」；從觀照方法看，稱作「三觀」；從觀照主體方面看，則為「三智」。「三智」、「三觀」、「三諦」實際是一個意思，只是從不同側面來命名。他在《摩訶止觀．卷五上》說：「軌則行人呼為三法，所明為三諦，所發為三觀，所成為三智。」「諦」、「觀」、「智」都有空、假、中三方面。三方面圓融無礙，故稱「三諦圓融」。

簡而言之，「三諦圓融」指的是：一切事物都由因緣而生，沒有永恆不變的實體，叫做空諦；一切事物雖無永恆不變的實體，卻有如幻如化的相貌，叫做假諦；這些都不出本質法性，不待造作而有，叫做中道諦。

僧肇在〈不真空論〉中曾說：

然則，萬物果有其所以不有，有其所以不無。有其所以不有，故雖有而非有；有其所以不無，故無而非無。雖無而非無，無者不絕虛；雖有而非有，有者非真有。若有不即真，無不夷跡；然則有無稱異，其致一也。

在《注維摩詰經》中則說：「大士美惡齊旨，道俗一觀，故終日凡夫，終日道法也。」又說：

若能空虛其懷，冥心真境，妙存環中，有無一觀者，雖復智周萬物，未始為有。幽途無照，未始為無。故能齊天地為一旨，而不乖其實；鏡群有以玄通，而物我俱一。……故以空智，而空於有者，則即有而自空矣。

在〈不真空論〉中又說：「非離真而立處，立處即真也。」「照不失虛，故混而不渝，虛不失照，故動以接粗。」

以上所引僧肇語句，從中可離析出「三諦圓融」的雛形——

就「空」而言，認識物件上「諸法無相」即法空，認識主體上「智無分別」即智空，認識方法上「照不失虛」。

就「假」來說，認識物件上「無者不絕虛」，認識主體上「雖復智周萬物，未始為有」，認識方法上「虛不失照」。

就「中」來說，認識物件上「雖有而非有，有者非真有，雖無而非無，無者不絕虛」，認識主體上「雖復智周萬物，未始為有；幽途無照，未始為無」，認識方法上「虛不失照，照不失虛」。

由以上說明可見，智者大師「三諦圓融」的構成因素在僧肇思想中就有了萌芽。不過，「三諦圓融」在僧肇思想裡，主要以真俗二諦圓融的形式顯現出來。僧肇在《注維摩詰經》和《肇論》中，所引大士「道俗一觀，故終日凡夫，終日道法」，還有「有無稱異，其致一也」、「天地一旨」、「物我俱一」、「智法俱同一空，無復異空」，以及「智雖事外，未始無事，神雖事表，終日域中」、「立處即真」、「用即寂，寂即用」等，都表達了這種「真俗不二」的觀點。

僧肇在〈答劉遺民書〉中批評劉遺民觀點時說：

若如來旨，觀色空時，應一心見色，一心見空。若一心見色，則唯色非空；若一心見空，則唯空非色。

強調了空色不二、真俗不二的觀點。雖然僧肇思想主要表現為二諦之中，但對「三諦圓融」思想的構建也不乏啟迪作用。

如何做到「三諦圓融」？智者大師提出了「一念三千」的途徑。把「三千（性相）」歸於「一念心」，但這裡的「一念心」與「三千（性相）」並不存在誰先誰後、誰產生誰的關係；實際上，這「一念心」是凡夫與聖人（佛心）

皆具的。因為與「一心」同時存在的現象及其實相，通過圓融空、假、中三諦即可把握，這樣也就把握了「真如」。

由此可見，天台宗諸多教義多多少少皆受到僧肇思想的影響。

【註釋】

註一：《祖堂集》，禪宗著作，記錄了禪師的語錄以及傳承，作者為南唐泉州招慶寺靜、筠兩位禪師，再經後世補完，共二十卷。此書在中國失傳，存於高麗大藏經中，於二十世紀初時被日本學者於韓國發現，重新印行。

本書成於南唐保大十年（西元九五二年），是早於《景德傳燈錄》半個多世紀完成的禪宗史書，對研究初期禪宗史是僅次於敦煌文獻的寶貴史料，在史料等方面有其特殊地位。

附錄

僧肇大師年譜

歲數—西元—東晉年號—五胡十六國年號

一歲　三八四　東晉孝武帝太元九年　前秦苻堅建元二十年

僧肇生於京兆長安（今陝西西安），本姓張。

二十歲　四〇三　東晉安帝元興二年　後秦姚興弘始五年

在此之前，因家貧，所以替人抄書、謄寫為業，從而博覽群書，對儒道經史非常熟悉。後偶然見到舊譯《維摩詰經》，於是出家為僧。

出家之後，精進學習大乘經論。與之辯論玄理者甚多，僧肇一一辯駁，由此名振關輔。

西域名僧鳩摩羅什於四〇一年十二月入長安後，僧肇受業於羅什；又受後秦國主姚興之命，入逍遙園，協助羅什翻譯經論。

二十一歲　四〇四　東晉安帝元興三年　後秦弘始六年

鳩摩羅什於四〇三年四月二十三日開始翻譯《大品般若經》，其年十二月十五日翻譯完成。

次年四月二十三日校對完成。

僧肇參與譯事，並於《大品般若經》譯出之後，寫下了自己的第一篇佛學論文〈般若無知論〉。羅什又於是年譯出《百論》，隨後僧肇又寫了〈百論序〉。

二十三歲　四〇六　東晉安帝義熙二年　後秦弘始八年

鳩摩羅什於長安重譯《維摩詰經》。僧肇參與，並為《維摩詰經》作注，並作序一篇。這一年道生也到了長安，與僧肇相識。

二十五歲　四〇八　東晉安帝義熙四年　後秦弘始十年

是年道生南返，路過廬山時，將〈般若無知論〉呈給慧遠、劉遺民看，兩人甚為讚歎。次年十二月劉遺民致書僧肇，僧肇於四一〇年八月十五日作答書，回答了劉遺民提出之有關〈般若無知論〉的問題。

二十六歲　四〇九　東晉安帝義熙五年　後秦弘始十一年

鳩摩羅什於長安譯出《中論》。在此之後，僧肇撰寫了〈不真空論〉和〈物不遷論〉，兩篇論文中援引了《中論》的思想和文句。

二十七歲　四一〇　東晉安帝義熙六年　後秦弘始十二年

佛陀耶舍於是年開始翻譯律藏《四分律》四十卷，於弘始十四年譯訖。在此期間，僧肇曾參與翻譯，並作〈四分律序〉。

三十歲　四一三　東晉安帝義熙九年　後秦弘始十五年

佛陀耶舍於是年譯出《長阿含經》，僧肇為之作〈長阿含經序〉一篇。

同年四月十三日，鳩摩羅什於長安去世。僧肇為之作〈鳩摩羅什法師誄並序〉一文。同年，又作〈涅槃無名論〉，深得後秦國主姚興讚歎。

三十一歲　四一四　東晉安帝義熙十年　後秦弘始十六年

僧肇卒於長安，春秋三十有一。

參考資料

《乾隆大藏經》，中國書店，二〇一〇。
釋慧皎，《高僧傳初集》，金陵刻經處，清末出版。
釋道原，《景德傳燈錄》，上海書店，一九八五。
釋普濟，《五燈會元》，北京中華書局，一九八四。
釋道宣，《廣弘明集》，北京中華書局，一九三六。
釋僧祐，《弘明集》，北京商務印書館，一九一九。
王弼，《老子道德經注》，北京中華書局，一九八〇。
許抗生，《僧肇評傳》，南京大學出版社，一九九八。
盧桂珍，《慧遠、僧肇聖人學研究》，國立臺灣大學出版委員會，二〇〇二。
陳森田，《「肇論」的哲學解讀》，文津出版社有限公司，二〇一三。

王月秀，《僧肇思想研究：以「肇論」爲中心》，花木蘭文化出版社，二〇一〇。
陳平坤，《僧肇與吉藏的實相哲學》，法鼓文化，二〇一三。
張春波，《肇論校釋》，北京中華書局，二〇一〇。
鎌田茂雄著，鄭彭年譯，《簡明中國佛教史》，上海譯文出版社，一九八六。
湯用彤，《漢魏兩晉南北朝佛教史》，上海書店，一九九一。
湯用彤，《魏晉玄學論稿》，三聯書店，二〇〇九。
任繼愈，《中國佛教史》，中國社會科學出版社，一九八五。
賴永海，《中國佛教百科全書》，上海古籍出版社，二〇〇〇。
方立天，《魏晉南北朝佛教論叢》，北京中華書局，一九九五。
姚衛群，《佛教般若思想發展源流》，北京大學出版社，一九九六。
呂澂，《中國佛學源流略講》，北京中華書局，二〇〇四。
呂澂，《印度佛學源流略講》，上海人民出版社，一九七九。

劉建國，《中國哲學史史料學概要》，吉林人民出版社，一九八三。
熊十力，《佛家名相通釋》，中國大百科全書出版社，一九八五。
塚本善隆，《塚本善隆著作集》，大東出版社，一九七四。
馮友蘭，《中國哲學史》，北京商務印書館，一九三四。

國家圖書館出版品預行編目(CIP)資料

僧肇大師：解空第一／徐瑾編撰 — 初版
臺北市：經典雜誌，慈濟傳播人文志業基金會，2020.12
400 面；15×21 公分 —（高僧傳）
ISBN 978-986-99577-7-9（精裝）
1.（晉）釋僧肇 2. 學術思想 3. 佛教傳記
229.334 109019656

僧肇大師——解空第一

創 辦 人／釋證嚴
發 行 人／王端正
平面媒體總監／王志宏

編 撰 者／徐 瑾
美術指導／邱宇陞
責任編輯／賴志銘
行政編輯／涂慶鐘
插 畫 繪 者／林國新
校對志工／林旭初
排 版／尚璟設計整合行銷有限公司
出 版 者／經典雜誌
慈濟傳播人文志業基金會
112019 臺北市北投區立德路 2 號
客服專線／（02）28989991
傳真專線／（02）28989993
劃撥帳號／19924552 戶名／經典雜誌
印 製／新豪華製版印刷股份有限公司
經 銷 商／聯合發行股份有限公司
231028 新北市新店區寶橋路 235 巷 6 弄 6 號 2 樓
（02）29178022
出版日期／2020 年 12 月初版一刷
定 價／新臺幣 380 元